广州从化大桥勘察设计关键技术

宁平华　欧键灵　编著

人民交通出版社股份有限公司

北　京

内 容 提 要

本书系统总结了从化大桥的设计历程、设计技术,从方案选型、勘察、总体设计、桥梁设计、施工方案设计、施工期间的设计协调与服务等方面反映了设计工作的全貌,对今后同类桥梁的建设与研究有重要的参考价值与指导意义。

本书可供从事桥梁与结构工程设计、科研、管理、施工、监控等工作的工程技术与研究人员参考使用。

图书在版编目(CIP)数据

广州从化大桥勘察设计关键技术/宁平华,欧键灵编著.—北京:人民交通出版社股份有限公司,2022.10
ISBN 978-7-114-18091-0

Ⅰ.①广… Ⅱ.①宁… ②欧… Ⅲ.①组合体系桥—桥梁设计—广州 Ⅳ.①U448.212.5

中国版本图书馆 CIP 数据核字(2022)第 124688 号

Guangzhou Conghua Daqiao Kancha Sheji Guanjian Jishu

书　　　名:	广州从化大桥勘察设计关键技术
著 作 者:	宁平华　欧键灵
责任编辑:	朱明周
责任校对:	席少楠
责任印制:	刘高彤
出版发行:	人民交通出版社股份有限公司
地　　　址:	(100011)北京市朝阳区安定门外外馆斜街 3 号
网　　　址:	http://www.ccpcl.com.cn
销售电话:	(010)59757973
总 经 销:	人民交通出版社股份有限公司发行部
经　　　销:	各地新华书店
印　　　刷:	北京印匠彩色印刷有限公司
开　　　本:	787×1092　1/16
印　　　张:	9.75
插　　　页:	6
字　　　数:	188 千
版　　　次:	2022 年 10 月　第 1 版
印　　　次:	2022 年 10 月　第 1 次印刷
书　　　号:	ISBN 978-7-114-18091-0
定　　　价:	60.00 元

(有印刷、装订质量问题的图书,由本公司负责调换)

编写委员会

主　　编：宁平华　欧键灵

副 主 编：郭钰瑜　陈水盛　颜日锦

委　　员：王　鹏　粟　洪　唐明裴　邹　峻　邓　灿
　　　　　麦梓浩　曹志光　凌　晨　刘　杰　李鸿斌
　　　　　黄日成　黄延枫　张适嘉　徐　静　徐　晋
　　　　　许　栋　付亮玲　林俊玲　郭南耀

前　言

广州市从化区以珍稀温泉闻名于世，有"中国温泉之都"的美称，且素有"北回归线上的明珠"和"广州后花园"之誉。从化大桥位于从化区中部，南北向横跨流溪河，是连接从化城北新区和南部河东综合区及研发产业区的重要通道。桥位区域围绕流溪河这一生态景观轴布置成供市民休憩活动的场所，形成有从化地方特色和自然特色的生态型园林绿化体系。从化大桥作为区域的标志性建筑，必然要求在满足功能需要的条件下，与自然环境和谐，同周围建筑与景物有机融合，创造出富有从化地方特色的滨江园林山水城市景观。

设计团队在广东省勘察设计大师、广州市政总院总工程师宁平华的领导和带领下，以攻坚克难、锐意进取的"勇闯精神"开展技术创新，解决了长大跨江桥梁功能与山水城市景观高效融合、异形空间拱梁组合体系结构受力复杂、与地铁共线同建的桥梁基础设计等技术难题。从化大桥不仅是一个具有交通功能的结构物，更是一件体现文化底蕴和时代特征、提升城市生活品质的艺术品。从化大桥建成通车后已成为当地一座集交通、休闲功能于一体的"网红桥"。

从化大桥的设计，汇聚了许多设计同仁的聪明才智，积累了许多有价值的经验。本书系统地介绍了这些经验，可供同类型桥梁的设计、施工和运营作为参考和借鉴。

在本工程的设计过程中，广州市从化区市政工程建设管理中心、中铁二局第二工程有限公司、华南理工大学、广州地铁设计院有限公司等单位给予了指导和支持。本工程的顺利建成，离不开各方的共同努力与合作，在此表示感谢！

限于编者水平有限和时间紧迫，书中难免有错误和不妥之处，恳请读者批评和指正。

作　者
2022 年 7 月于广州

目 录

第 1 章	工程概况	1
1.1	项目背景	1
1.2	建设规模及设计内容	2
第 2 章	方案选型	3
2.1	方案构思	3
2.2	桥梁方案	4
2.3	方案比选	8
第 3 章	现状及建设条件	9
3.1	地形地貌	9
3.2	既有建(构)筑物及其影响	9
3.3	工程地质条件	10
3.4	水文地质条件	12
3.5	岩土工程评价	13
第 4 章	总体设计	16
4.1	总体设计原则及思路	16
4.2	技术标准及规范	17
4.3	总体布置方案	19
4.4	道路工程	23
4.5	桥梁工程	28
4.6	排水工程	30
4.7	交通工程	33
4.8	照明工程	37
4.9	绿化工程	38
第 5 章	桥梁设计	41
5.1	主桥上部结构、主副拱及吊索	41
5.2	引桥上部结构	45
5.3	桥梁下部结构	46
5.4	桥梁附属工程	49

5.5	桥梁施工方案	53
5.6	桥梁施工监控	59

第6章 景观工程 ········ 65
6.1	桥梁景观设计构思及原则	65
6.2	景观工程设计	66

第7章 工程技术经济分析 ········ 74
7.1	工程投资控制	74
7.2	方案(可研)估算控制	74
7.3	初步设计概算及施工图预算控制	74
7.4	本工程概、预算编制的重点及难点	75
7.5	工程变更投资控制	77

第8章 施工期间技术服务 ········ 78
8.1	现场技术服务	78
8.2	变更设计质量控制	83
8.3	施工配合服务的经验总结	84

第9章 工程设计协调与质量管理 ········ 86
9.1	工程设计协调	86
9.2	工程质量控制	89

第10章 主要研究课题与创新成果 ········ 96
10.1	概述	96
10.2	课题一:空间钢桁拱结构形式研究	97
10.3	课题二:拱梁节点连接构造研究	106
10.4	课题三:吊杆与拱肋、主梁的节点连接构造研究	122
10.5	课题四:与地铁隧道共线特殊条件下的结构设计研究	127
10.6	工程勘察创新成果	135

第11章 工程效益 ········ 139
11.1	经济效益	139
11.2	社会效益	145

参考文献 ········ 147

第1章 工程概况

1.1 项目背景

城市发展,交通先行。自明弘治二年(1489年)建县以来,从化中心城区一直囿于26平方公里的老城区,城区拥挤、交通不畅,综合服务功能落后,成为困扰从化城区发展的掣肘。从化中心城区的面貌已经不适应穗北生态功能区的发展和大湾区美丽乡村建设的要求。为了打破老城区的发展瓶颈,从化开展了一系列深调研、大讨论,确定"一核两翼三带"的总体空间布局,全力建设"三纵三横"路网,以路网建设打造中心城区发展新格局。

"一桥二路"(从化大桥、从化大道、北星路)项目是从化中心城区"三横三纵"交通布局的关键。从外联功能来看,从化大道通过街北高速、大广高速直通广州中心城区,为人流、物流、信息流、资金流、技术流等发展要素双向流动提供了便捷通道,为从化建成广州北部枢纽型网络城市重要交通节点,打造"外联内畅"交通网络提供有力支撑,发挥地铁十四号线的辐射带动功能,使从化更好地融入粤港澳大湾区的发展。

从内引功能来看,从化大道、北星路建设与城市更新同步推进,打通了沿线的"毛细血管",解决了老城区拥堵、乱建诸多等问题,为经济发展提供了空间。

从化大桥是从化大道上跨流溪河的关键节点工程,位于街口大桥和迎宾大桥之间,距两座桥的距离均约为2.2km(图1-1)。从化大桥的建设,将使得城区河东片区和城北新区之间的交通联系更加便捷,进一步完善城市路网结构,有效改善城市南北交通不畅的现状,缓解城市中心交通拥挤的状况,对加强新老城区的联系、促进结合处的发展有着十分重要的意义。

图 1-1 项目地理位置

1.2 建设规模及设计内容

广州从化大桥工程路线全长约 1.06km,道路等级为城市主干路,主线双向六车道,设计速度为 60km/h。其中,桥梁全长 740m(含两端引道、引桥和主桥);主桥为单跨空间钢桁拱和预应力混凝土梁组合桥,跨径为 136m,宽 40m(含两侧各 3.5m 宽的人行道);引桥、引道为双向六车道,有人行道的梁段宽 35m,无人行道的梁段宽 29m。

广州从化大桥工程包含道路工程、桥梁工程、排水工程、电力管沟工程、交通工程、绿化工程、照明工程、桥梁亮化工程及工程概预算等专业。

第 2 章 方案选型

2.1 方案构思

本工程处于广州市从化区中部,南北向横跨流溪河,是连接从化城北新区和南部的河东综合区及研发产业区的重要通道。城北新区与南部经济发展片区(包括河东综合区和研发产业区)隔河相望,是从化区远期发展的重点区域。因此,从化大桥须充分考虑结构物的景观效果,桥梁结构必须新颖、美观,既体现文化底蕴,又具有时代的特征,建成当地的标志性建筑。

本项目实施前,从化主城区内跨越流溪河的桥梁仅有南边的流溪大桥、街口大桥和北部的迎宾大桥(图2-1~图2-3)。现状桥型以平梁桥为主,景观效果一般,不能成为城市的独特景观。因此,拟建的从化大桥将是一座重要桥梁。体现良好的景观效果、现代城市风貌,并且打造新的城市地标,是桥型方案设计的重点。

图 2-1　流溪大桥

图 2-2　街口大桥

图 2-3 迎宾大桥

2.2 桥梁方案

广州市政工程设计研究总院有限公司(以下简称"广州市政总院")根据本项目的特点以及业主的要求,针对梁桥、斜拉桥及拱桥这三种桥型做了详细的方案设计,前后共提交了十多个桥型方案供比选,见表 2-1。

各桥型方案一览表　　　　　　　　　　　　　　表 2-1

方案	桥跨组合(m)	结构形式	效 果 图
方案一	60+80+60	一般连续梁桥+桥面装饰	
方案二	60+80+60	一般连续梁桥+桥面装饰	

第 2 章 方案选型

续上表

方案	桥跨组合(m)	结构形式	效 果 图
方案三	60+80+60	拱梁组合桥+桥面装饰	
方案四	60+80+60	三跨连续梁桥	
方案五	60+80+60	三跨连续刚构桥	
方案六	100+100	莲花造型连续梁桥	

续上表

方案	桥跨组合(m)	结构形式	效 果 图
方案七	55+90+55	V形墩连续刚构桥	
方案八	100+100	对称独塔单索面预应力混凝土斜拉桥	
方案九	100+100	对称独塔单索面预应力混凝土斜拉桥	
方案十	100+100	对称独塔双索面预应力混凝土斜拉桥	

第 2 章 方案选型

续上表

方案	桥跨组合(m)	结构形式	效果图
方案十一	55+90+55	三跨矮塔斜拉桥	
方案十二	100+100	两跨中承式系杆拱桥	
方案十三	39+128+39	三跨飞鸟式拱桥	
方案十四	136	单跨下承式倒三角拱桥	

2.3 方案比选

从化大桥跨越流溪河,桥梁所处河道较窄,河面宽约200m,堤岸两侧为住宅区,且北岸现有数栋百米高的住宅建筑。如果建造具有高耸伟岸桥塔的斜拉桥和悬索桥,势必使空间密度过大,与周围的建筑和自然景观不协调。而拱桥是一种古老的桥型,它的美在于柔美的拱曲线与直线形的梁柱、杆结合,呈现出刚柔并济、韵律优美的绰约风姿。拱桥是桥梁基本体系之一,形式多样,造型优美,一直是大跨径桥梁的主要形式。本次桥型方案设计中,经过多轮比选和投票,最终确定采用下承式空间拱梁组合体系桥(表2-1中的方案十四)。

桥型设计提取"流溪映月"中"水"与"月"的元素,拱肋结构造型新颖、美观,犹如一轮新月升起在流溪河畔,完美结合技术与艺术,将从化大桥打造成地标性建筑,使其成为从化的新名片。桥梁效果图见图2-4。

图2-4 桥梁效果图

第3章 现状及建设条件

3.1 地形地貌

从化区位于广东省中部,地处广州市东北。地理坐标为东经113°17′~114°04′,北纬23°22′~23°56′。东临龙门县,南与广州市增城区、白云区接壤,西与广州市花都区、清远市相连,北与佛冈县、新丰县毗邻。素有"北回归线上的明珠"和"广州后花园"之誉。从化规划营造成为"青山、名城、良田、碧海"的山水城市。

从化位于珠江三角洲到粤北山区过渡地带,地势自北向南倾斜,东北高,西南低,地形呈阶梯状,东北部以山地、丘陵为主,中南部以丘陵、谷地为主,西部以丘陵、台地为主。场区位于从化区东北部,横跨流溪河。流溪河总体呈东北—西南向流经从化区中心城区,把城区分为东、西两部分。从化大桥桥位处于流溪河中上游,为老年期河流,流向自东向西。场区两侧属流溪河一级阶地,地面高程一般为24.14~32.47m,地势平坦(图3-1)。

图3-1 地形地貌

3.2 既有建(构)筑物及其影响

大桥北岸穿越几个住宅小区,南岸位于联星村的西面。沿线住宅小区建筑物高大,民房密集且不规整;河流堤岸较陡,浅滩较多;果树林茂密;通行通视不便,测量作业困难。

经现场探测发现,工程范围内存在给水、排水、燃气、电力和电信五类管线。既有的地下管线主要分布在河滨北路与河东北路上,这些道路地下管线异常密集、复杂,且有多处管线横穿道路及路口。另外,流溪河上有3条取水用的DN600铸铁给水管。这些既有的地下管线,对项目的桥梁、排水等工程的设计和施工造成障碍,设计和施工方案须避让这些现状管线或者对其进行迁改、保护。

3.3 工程地质条件

3.3.1 地质构造

据区域地质资料,区域性活动的广从断裂从场区东侧通过,断裂走向NE35°,倾向NW,倾角45°~60°,属正断层。广从断裂发生于加里东期,活跃于中生代以来,至今仍在活动,但全新世以来活动微弱,主要以温泉形式释放能量。区域地质构造如图3-2所示。

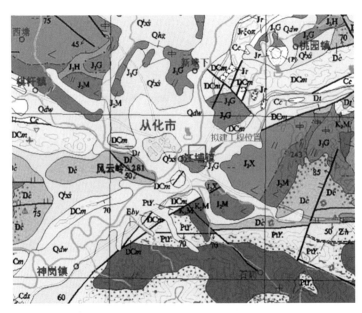

图3-2 地质构造

3.3.2 地层岩性

场区上覆地层为第四系全新统人工填土层、全新统河流相冲积层、上更新统河流相冲积层、残积层,下伏基岩主要为燕山三期花岗岩、碎裂状花岗岩。

第3章 现状及建设条件

场地第四系全新统人工填土层(①)顶界埋深为 0.00~3.30m,厚度为 0.50~6.00m;第四系全新统河流相冲积层(②)顶界埋深为 0.00~10.00m,土层厚度为 0.50~10.00m;第四系上更新统河流相冲积层(③)顶界埋深为 0.00~13.30m,土层厚度为 0.70~8.10m;第四系残积层(④)顶界埋深为 4.40~17.30m,土层厚度为 1.30~6.80m;基岩(⑤)顶面埋深为 1.00~39.70m。典型的地质剖面如图 3-3 所示。

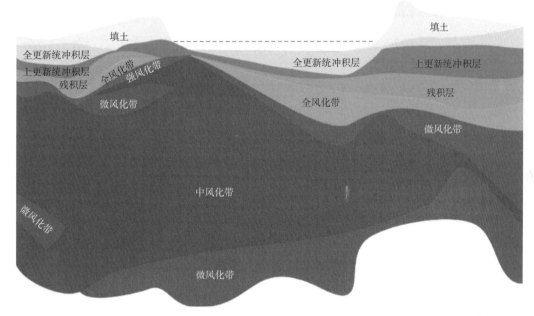

图 3-3 典型地质剖面

3.3.3 主要岩土物理力学指标

场区具有代表性的主要岩土物理力学指标见表 3-1。

主要岩土物理力学指标 表 3-1

土层编号	时代、成因	岩土名称	状态	天然含水率(%)	重度(kN/m³)	天然孔隙比	液性指数	压缩模量(MPa)	天然快剪试验 内摩擦角(°)	天然快剪试验 黏聚力(kPa)	饱和单轴抗压强度(MPa)	承载力基本容许值(kPa)	钻孔桩桩侧摩阻力标准值(kPa)
①₁	Q_4^{ml}	杂填土	松散	—	19.5	—	—	—	15.0	5.0	—	70	
①₂		素填土	疏松	—	19.0	—	—	—	10.0	10.0	—	80	
①₃		耕土	软~可塑	—	19.0	—	—	—	10.0	10.0	—	80	

续上表

土层编号	时代、成因	岩土名称	状态	天然含水率（%）	重度（kN/m³）	天然孔隙比	液性指数	压缩模量（MPa）	天然快剪试验		饱和单轴抗压强度（MPa）	承载力基本容许值（kPa）	钻孔桩桩侧摩阻力标准值（kPa）
									内摩擦角（°）	黏聚力（kPa）			
②₁	Q₄ᵃˡ	粉质黏土	可塑	33.9	19.0	0.803	0.59	4.50	11.0	15.0	—	150	50
②₂		淤泥质粉质黏土	流塑	47.9	16.5	1.259	1.33	2.00	5.0	5.0	—	50	12
②₃		粉、细砂	松散	—	20.0	—	—	6.00	22.0	0.0	—	100	20
②₄		粗、砾砂	松散	—	20.0	—	—	6.00	26.0	0.0	—	120	30
③₁	Q₃ᵃˡ	粉质黏土	可塑	—	19.0	—	—	4.50	13.0	15.0	—	160	60
③₂		粗、砾砂	稍密	—	20.0	—	—	12.00	29.0	0.0	—	180	40
③₃		卵石	稍密	—	22.0	—	—	—	35.0	0.0	—	300	100
④₁	Qᵉ	砂质黏性土	可塑	25.4	19.0	0.861	0.30	4.00	20.0	7.0	—	160	60
④₂			硬塑	28.2	19.5	0.843	0.03	5.00	23.0	10.0	—	220	80
⑤₁	γ₅²⁽³⁾	花岗岩	全风化	—	20.0	—	—	—	25.0	25.0	—	300	90
⑤₂ₐ		花岗岩	土状 强风化	—	20.5	—	—	—	30.0	30.0	—	500	110
⑤₂ᵦ		碎裂状花岗岩	碎块状	—	21.0	—	—	—	32.0	50.0	—	600	130
⑤₃		碎裂状花岗岩	中风化	—	—	—	—	—	—	—	6.0	—	—
		花岗岩		—	—	—	—	—	—	—	15.0	—	—
⑤₄		碎裂状花岗岩	微风化	—	—	—	—	—	—	—	15.0	—	—
		花岗岩		—	—	—	—	—	—	—	30.0	—	—

3.4 水文地质条件

3.4.1 地表水

从化大桥位于流溪河中上游。桥位处河道宽约240.00m，堤岸高程约为34.2m，河底高程约为23.8m。枯水期水深多为1.00~5.00m，部分地段可见河床出露；洪水期水流湍急。河谷呈U形，以沉积作用为主，低蚀、侧蚀作用均不明显。

3.4.2 地下水

场区地下水类型主要有上层滞水、孔隙潜水、基岩孔隙裂隙承压水。场地两岸阶地的地下水稳定埋深一般为 1.20~5.30m,高程约为 23.00~29.50m。地下水位变化幅度为 0.50~1.50m。

3.4.3 水腐蚀性

场地的地下水对混凝土结构在Ⅱ类环境中具微腐蚀性;在直接临水或强透水层中对混凝土结构具中等腐蚀性,在弱透水层中对混凝土结构具微腐蚀性;对混凝土中的钢筋具微腐蚀性。

场地的河水对混凝土结构在Ⅱ类环境中具微腐蚀性;在直接临水或强透水层中对混凝土结构具弱腐蚀性,在弱透水层中对混凝土结构具微腐蚀性;对混凝土中的钢筋具微腐蚀性。

3.5 岩土工程评价

3.5.1 场地稳定性和适宜性

据区域地质资料,区域性广从断裂呈 NE35°从场区东侧通过,倾向 NW,倾角 45°~60°,属于正断层。场区位于断裂的上盘、断裂带的旁侧,属于断裂的影响带。所以,场区的基岩裂隙发育,完整性较差;大部分岩石被强烈挤压而碎裂,呈碎裂状结构,岩石的强度低,是场地稳定性的不利因素。但广从断裂在晚近期活动强度不大,主要以温泉的方式释放能量,故场地的地质构造基本趋于稳定,适宜修建本工程。

3.5.2 地震效应

根据《建筑抗震设计规范》(GB 50011—2010),场区的抗震设防烈度为Ⅵ度,设计基本地震加速度值为 $0.05g$❶,设计地震分组为第一组。另外,土层的等效剪切波速为 140~250m/s,覆盖层厚度大于 3m、小于 50m,根据《公路工程抗震规范》(JTG

---

❶ g 代表重力加速度。

B02—2013),场地为Ⅱ类建筑场地,特征周期为 0.35s。

由于本工程场区抗震设防烈度为Ⅵ度,根据《公路工程抗震规范》(JTG B02—2013),可不对场区饱和砂土层进行液化判别。

3.5.3 不良地质作用

场地不良地质作用主要是断裂构造影响带。

本场区位于断裂的上盘,受区域性广从断裂及次生断裂带影响,基岩裂隙发育,钻探揭露大部分地段岩石被强烈挤压形成碎裂状花岗岩,裂隙尤为发育,其岩石强度低,极不均匀,性质变化大,对以基岩作为桩端持力层的嵌岩桩,特别是桥梁工程单桩承载力巨大的大直径嵌岩桩的危害极大,给桩基的稳定性带来不确定的因素,施工时须精心确定桩底持力层及持力层厚度以确保工程安全。

3.5.4 特殊性岩土

场地特殊性岩土主要为人工填土、软土、残积土和风化岩。

1)人工填土

人工填土层大部分为路基填筑土或回填已有一定的年限,多呈稍密或稍压实状态,但其成分复杂,土质不均匀,承载力低。

2)软土

场区软土主要为淤泥质粉质黏土。软土呈流塑状态,具有触变性和流变性,含水率高,孔隙比大,压缩性强,渗透性低,灵敏度高,自然固结程度低,固结变形持续时间长,承载能力低。在地面荷载作用下或降低地下水位时,软土将产生固结沉降,造成路基工后沉降过大,并对桩基产生负摩阻力作用。由于本场区抗震设防烈度为Ⅵ度,可忽略地震作用下软土震陷对拟建工程的不利影响;但在大面积堆载或大量抽取地下水的情况下,可能引发地面不均匀沉降、塌陷,应予以注意。

3)残积土和风化岩

场区花岗岩残积土层及全~强风化基岩遇水易软化,造成土体强度降低,须注意其对基坑开挖及桩基础施工的不利影响。另外,由于场地位于花岗岩区,风化不均匀,全强风化带中还存在球状风化体(俗称"孤石"),对施工可能造成不利影响。

3.5.5 地基土评价

第①人工填土层结构松散,土质不均匀,强度低,压缩性强,工程性质差。

第②$_1$粉质黏土层呈可塑状,具有一定的承载力,工程性质稍好;第②$_2$淤泥质粉质黏土层呈流塑状,为高压缩性土,承载力极低,工程性质极差;第②$_3$粉、细砂层和第②$_4$粗、砾砂层呈饱和、松散状,承载力低,工程性质差。

第③$_1$粉质黏土层呈可塑状,为中等压缩性土,承载力较高,工程性质较好;第③$_2$粗、砾砂层呈饱和、稍密状,承载力较高,工程性质较好;第③$_3$卵石层呈饱和、稍密状,承载力高,工程性质好。

第④$_1$砂质黏性土层呈可塑状,承载力较高,工程性质较好;第④$_2$砂质黏性土呈硬塑状,承载力较高,工程性质较好。

第⑤$_1$全风化花岗岩层和第⑤$_2$强风化花岗岩层承载力高,可作为摩擦桩的基础持力层,但须注意其遇水易软化、崩解的特点;第⑤$_3$中风化花岗岩层、碎裂状花岗岩层和第⑤$_4$微风化花岗岩、碎裂状花岗岩层,岩质较坚硬,可作为嵌岩桩的基础持力层。

本工程场地岩土层分布及组成结构较复杂,岩土种类多,性质变化大。场区地层主要是第四系全新统人工填土层(①)、全新统河流相冲积层(②)、上更新统河流相冲积层(③)、残积层(④),下覆基岩揭露岩性为燕山三期花岗岩、碎裂状花岗岩(⑤)。沿线分布不均匀,结构较复杂,层厚及埋深变化较大。由于场区受广从断裂构造、岩性、裂隙及地下水的影响,区内岩体大部分受挤压破碎,多呈碎裂状结构,岩石裂隙极发育,性质变化大,差异风化作用强烈,岩层风化程度在横向和竖向上有差异,且风化不均匀。

综合以上分析可见,场地工程地质条件复杂,场地地基不均匀,基岩各风化层埋深起伏大,对工程岩土设计和施工极其不利,设计和施工人员应多加注意。

第4章 总体设计

4.1 总体设计原则及思路

4.1.1 总体设计原则

本工程遵循以下总体设计原则：

①路线的布设应符合技术规范的要求，平、纵指标合理，路线走向顺直。

②根据地形、工程地质和水文地质条件、相交河流的通航要求，合理选择桥位，尽量降低工程总造价，使本项目社会、经济效益合理。

③绕避高大建筑物，减少拆迁量，降低项目实施难度。

④选线应结合沿线地质情况，尽量避开不良地质地段。

⑤与社会经济发展相适应。建设交通基础设施的目的是促进社会经济的发展，工程建设应周全考虑交通规划与社会经济效益，充分体现交通为社会经济发展服务的目的。

⑥与从化区路网规划相协调。应根据拟建道路的等级、服务功能和路网状况，结合路网中各条道路的等级、作用、地位及其沿线开发的现状和远景发展规划，根据现有交通发生源、路网交通量及其分布，明确总体设计方案。

⑦应与土地利用、自然环境和生态环境相适应。结合土地利用规划和城市发展布局规划，既要从宏观道路网络系统的角度考虑，又要结合实际地理环境，节约土地，减小对环境的影响，促进可持续发展。道路设计时，尽可能与已设计和施工的道路顺接，符合经济、安全、美观、顺畅的设计原则。

⑧以预测交通流量为基础。拟建工程不仅要考虑满足近期交通需求，也要满足远期交通需求，同时考虑与之交叉、相邻道路的分流与汇合，保证交叉口的通行能力。

⑨在满足交通需求的前提下，充分发挥景观设计，体现南粤特色。

4.1.2 总体设计思路

从化大桥是连接从化区城区河东片区和城北新区的城市主干路，将加强从化区与周边地区的交通联系;从化大桥是从化区城区南面的主要交通出入口,从化大桥的建设对于完善从化区干线道路以及开发城北新区交通网络起着非常重要的作用。工程包含地面道路与跨河桥梁段。道路设计思路如下:

①线形技术指标尽可能不采用极限值;在工程量变化不大的情况下,采用与地形相适应的几何线形设计。

②应尽可能避免线路切割地形和自然景观,采用吻合地形的曲线和纵坡。

③横断面设计应能和道路两侧的现状及规划构筑物相协调,使得道路能与城市形成一个景观整体。在确定路幅宽度前,应为路段中的视觉区留出视觉通道。

④关注行人的空间。道路不仅是为机动车服务的通道,也是人的公共活动空间,因而应更多地考虑人的需求,在行人过街需求较大的地方尽可能地设置立体式人行过街设施,保证行人过街的方便、快捷、安全。

⑤在路幅设计中应为行人提供舒适、亲切的空间环境。

⑥交叉口是道路的交汇处,也往往是人群的活动中心。为交叉口留出开敞、宽松的空间,可以为行人营造轻松、悦目的气氛。

⑦沿线相交道路考虑远近期结合,交叉口处理采取"右进右出",避免影响跨河桥直行车流。

4.2 技术标准及规范

4.2.1 道路主要技术标准

本工程道路的主要技术标准见表4-1。

道路主要技术标准　　　　　　　表4-1

序号	项目	单位	规划或规范值	设计采用值
1	道路等级	—	城市主干路	城市主干路
2	设计速度	km/h	40~60	60
3	道路车道数	条	≥4	8
4	不设超高最小圆曲线半径	m	600	直线
5	设超高推荐圆曲线半径	m	300	直线
6	不设缓和曲线最小圆曲线半径	m	1000	直线
7	缓和曲线最小长度	m	50	直线

续上表

序号	项 目		单位	规划或规范值	设计采用值
8	平曲线最小长度	推荐最小长度	m	150	直线
		极限最小长度	m	50	直线
9	最大纵坡值		%	5	3.9
10	凸型竖曲线	一般最小半径	m	1800	4000
		极限最小半径	m	1200	—
11	凹型竖曲线	一般最小半径	m	1500	4000
		极限最小半径	m	1000	—
12	竖曲线最小长度	一般最小长度	m	120	—
		极限最小长度	m	50	64.924
13	流溪河设计洪水位高程		m	—	31.99
14	堤岸防洪通道净空		m	≥2.5	≥2.5
15	纵坡坡段最小长度		m	150	180
16	机动车道最小路缘带宽度		m	0.5	0.5
17	路拱横坡		%	2	2
18	停车视距		m	≥70	≥70
19	机动车道最小宽度		m	3.25	3.5
20	桥涵设计汽车荷载等级		—	城—A级	城—A级
21	地面道路路面结构设计标准轴载		—	BZZ-100	BZZ-100
22	地震动参数(基本烈度)		—	$0.1g$[①](Ⅶ)	$0.1g$(Ⅶ)
23	路面类型		—		沥青混凝土
24	标准轴载		kN		BZZ-100
25	道路净空		m		≥4.5
26	路面设计年限		年		15
27	路面设计弯沉值		0.01mm		≤21.40

注：①g代表重力加速度。

4.2.2 桥梁主要技术标准

桥梁主要技术标准为：

①道路等级：城市主干道。

②行车道数：双向六车道。

③设计速度：60km/h。

④设计荷载：汽车荷载为城—A级；人群荷载按《城市桥梁设计规范》(CJJ 11—2011)取值。

⑤桥面横坡：机动车道为双向2%，人行道为单向1%。

⑥通航标准:规划Ⅸ级航道,通航尺度为 $B(宽) \times H(高) = 20m \times 3m$。

⑦设计洪水频率:1/100。

⑧最高通航水位:29.466m(黄海高程)。

⑨常水位:26.25m(黄海高程)。

⑩抗震设防标准:地震设防烈度为Ⅵ度,地震动峰值加速度为 $0.05g$。

⑪结构设计基准期:100年。

⑫桥梁设计安全等级:一级。

4.2.3 主要设计规范

设计时依据的规范主要有:

①《城市道路工程设计规范》(CJJ 37—2012)。

②《城市道路路线设计规范》(CJJ 193—2012)。

③《公路工程技术标准》(JTG B01—2014)。

④《城市桥梁设计准则》(CJJ 11—2011)。

⑤《公路桥涵设计通用规范》(JTG D60—2004)。

⑥《公路钢筋混凝土及预应力混凝土桥涵设计规范》(JTG D62—2004)。

⑦《公路桥涵地基与基础设计规范》(JTG D63—2007)。

⑧《公路桥涵钢结构及木结构设计规范》(JTJ 025—1986)。

⑨《公路桥梁抗震设计细则》(JTG/T B02-01—2008)。

⑩《公路桥梁抗风设计规范》(JTG/T D60-1—2004)。

⑪《公路桥涵施工技术规范》(JTG/T F50—2011)。

⑫《公路工程混凝土结构防腐蚀技术规范》(JTG/T B07-01—2006)。

⑬《中国地震动参数区划图》(GB 18306—2001)。

⑭《公路交通安全设施设计规范》(JTG D81—2006)。

⑮《公路交通安全设施设计细则》(JTG/T D81—2006)。

4.3 总体布置方案

4.3.1 平面设计

从化大道规划为城市主干路,道路红线宽度为60m。本工程设计范围以河东北路为起点,自南向北途经临时防洪通道、堤岸防洪通道(南北两岸)、河滨北路、向阳二路,止于向阳一路的南侧,全长约1.06km。以规划道路中线为设计中线,平面线形为直线,不设平曲线,线形与河东北路及河滨北路现状道路接顺。终点处向阳一路交叉口不纳入设计范围,并接顺从化大道—向阳一路交叉口平面。总平面图如图4-1所示。

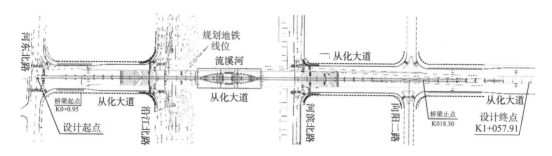

图4-1 从化大桥总平面图

4.3.2 纵断面设计

纵断面按设计速度为60km/h的城市主干路的要求设计。将现状地形以及规划控制高程作为控制纵断面设计的高程,以满足技术标准、行车平顺、少填少挖、土方平衡、路基稳定、排水顺畅、便利地下管线埋设、满足防洪标准、填土高度最小、节省投资为设计原则,并满足以下要求:

①南岸临时防洪通道、河滨北路行车净空不小于4.5m。
②南北两岸的现状防洪通道净空不小于2.5m。
③相交道路设计高程与规划控制高程一致。
④满足地下管线的最小覆土厚度。

从化大桥最大纵坡为3.9%,竖曲线最小半径为:凸型4000m,凹型4000m。纵坡最小坡长和竖曲线最小长度等指标均满足规范要求。纵断面图如图4-2所示。

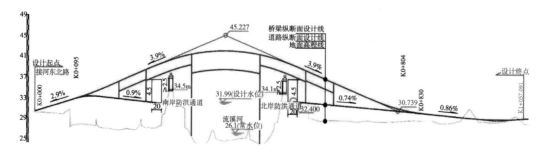

图4-2 从化大桥纵断面图(高程单位:m)

4.3.3 横断面设计

根据政府规划部门提供的规划设计条件、道路用地范围,结合道路性质、交通需求、用地情况、投资及远近期结合等因素综合确定各条道路横断面。

4.3.3.1 引道段标准横断面

考虑到桥梁主线段承担跨河直行的功能,故在桥梁主线两侧分别增设 3 条(含展宽的右转车道)地面辅道,分别与沿江北路、河滨北路呈 T 形平交。

引道段(K0+090～K0+180、K0+590～K0+830)标准横断面路幅划分为:3.0m(人行道与非机动车道)+1.5m(树池)+11.0m(地面辅道)+29.0m(桥梁引道)+11.0m(地面辅道)+1.5m(树池)+3.0m(人行道与非机动车道)=60.0m,如图 4-3 所示。

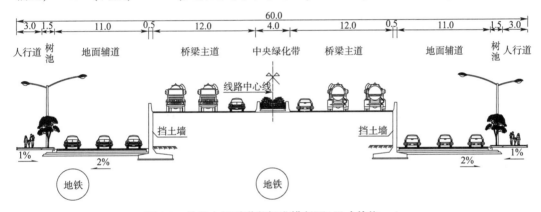

图 4-3 从化大桥引道段标准横断面(尺寸单位:m)

4.3.3.2 桥梁标准段横断面

根据从化大桥规划断面,桥梁标准段采用双向六车道形式,且考虑到与引道段的连续性,机动车道与中间带采用与引道段相同的形式,其路幅为:3.5m(人行道)+12m(机动车道)+0.5m(防撞护栏)+3.0m(镂空带)+0.5m(防撞护栏)+12.0m(机动车道)+3.5m(人行道)=35.0m,如图 4-4 所示。

4.3.3.3 交织段横断面

受限于现状条件,桥梁南端的交织段太短,使得从河东北路进入从化大桥或从从化大桥进入河东北路的交通组织比较困难,因而中央分隔带不采用规划断面的 12m 宽度,避免分隔带的渐变对交通流造成干扰。采用双向十车道形式,其路幅为:3.5m(人行道)+2.5m(非机动车道)+1.5m(树池)+20.5m(机动车道)+4.0m(中央绿化带)+20.5m(机动车道)+1.5m(树池)+2.5m(非机动车道)+3.5m(人行道)=60.0m,如图 4-5 所示。

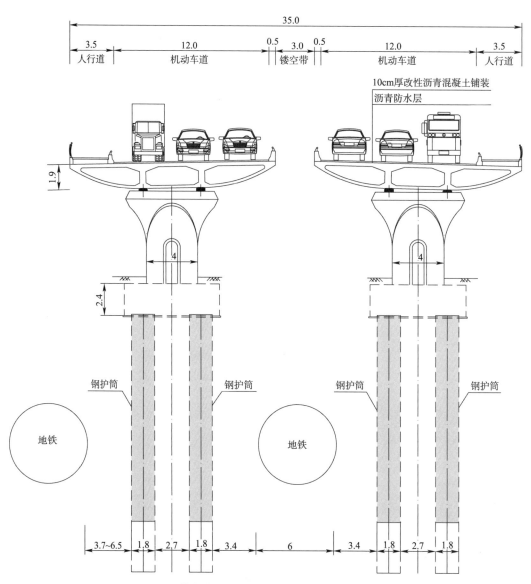

图 4-4 从化大桥桥梁标准段横断面(尺寸单位:m)

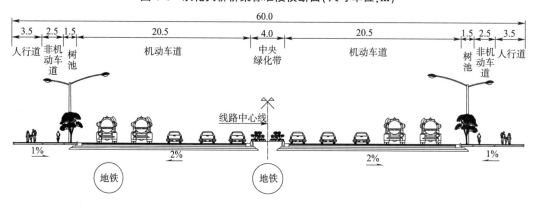

图 4-5 从化大桥交织段横断面(南侧)(尺寸单位:m)

4.3.3.4 从化大道道路标准段横断面

该段(K0+940~K1+057.091)顺接向阳一路交叉口,其路幅组成为:5.2m(人行道)+24.05m(机动车道)+1.5m(中央绿化带)+24.05m(机动车道)+5.2m(人行道)=60.0m,如图4-6所示。

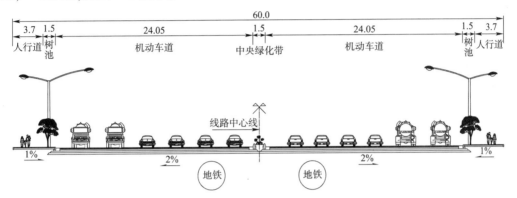

图4-6 从化大道道路标准段横断面(尺寸单位:m)

4.3.3.5 从化大道K0+840~K0+940段道路标准段横断面

此段路幅划分为:4.0m(人行道)+2.5m(非机动车道)+1.5m(树池)+20.0m(机动车道)+4.0m(中央绿化带)+20.0m(机动车道)+1.5m(树池)+2.5m(非机动车道)+4.0m(人行道)=60.0m,如图4-7所示。

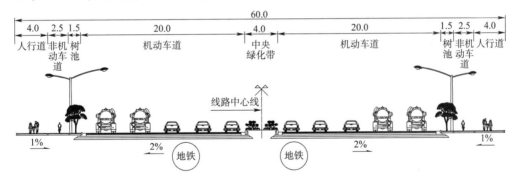

图4-7 从化大道K0+840~K0+940段道路标准段横断面(尺寸单位:m)

4.4 道路工程

4.4.1 路基工程

4.4.1.1 设计原则

道路路基必须密实、均匀、稳定,应分层碾压压密,路基压实度及填料最小强度应符合《公路路基设计规范》(JTG D30—2015)的相关规定。路基压实应采用重型击实标准。为保证压实度,土的含水率应接近最佳含水率。路槽底面土基应保持中湿状态,路基抗压回弹模量不低于40MPa。

4.4.1.2 路基填料要求

路床和上路堤应优先采用砂类土、砾(角砾)类土等作为填料,零填及路堑路床压实度≥96%的深度加深至0.8m。当其路床土的塑性指数大于12、液限大于32%或最小强度达不到要求时,应采取换填或土质改良措施;当土的液限大于50%、塑性指数大于26时,不得直接作为路堤填料。严禁采用强膨胀土、淤泥和有机土填筑路堤。在桥涵台后应优先采用碎石、砾(角砾)类土、砂类土等透水性较好的填料填筑,压实度不小于96%。

4.4.1.3 填方基底处理

在沟渠、积水洼地上填筑路堤,应在排除明水、清淤后填筑。路堤基底为耕地、草地时,必须先清除地表种植土再进行填筑。路堤基底为松土时,如果松土厚度不大于0.3m,可夯实原地面后直接填筑;否则,应将松土翻松,并掺拌生石灰粉,再分层回填碾压,以满足设计压实度要求。地面横坡陡于1:5的填方路基,原地面必须挖台阶,台阶宽度不小于2.0m,台面向内倾斜2%~4%。

4.4.1.4 一般路基处理

1)清表

在填方路基及浅挖方路基(指路床底高于耕植土或杂填土底面),须将耕植土全部清除,以满足路基压实度及强度的要求。

2)挖淤

当路基占用鱼塘或河涌时,清除鱼塘底或河涌底的淤泥、浮土,抛填块石,填筑渗水性材料。

3)陡坡路堤处理

陡坡路堤指在地面自然坡度陡于1:5的斜坡上(包括纵断面方向)修筑的路堤。陡坡路堤基底应开挖台阶。台阶宽度不小于2m,并向内侧倾斜2%。

4.4.1.5 不良路基处理

本工程全线采用换填方法进行地基处理(含低填浅挖)。对于过鱼塘路段,先围堰,抽排水后清淤,然后做抛石基础至鱼塘水位,其上填筑砂性土,在抛石基础上砌

30cm 厚 M7.5 浆砌片石护坡。

地面自然横坡大于 1∶10 而小于 1∶5 的路堤段，边坡采用植草防护；过水田、菜地时采用 M7.5 浆砌片石护脚。在填方较低侧，为避免地表水浸泡路基，设置截水沟。

地面自然横坡度陡于 1∶5 时(包括纵断面方向)，路堤基底应挖台阶，台阶宽度为 2.0m，台阶底应有 3% 向内倾斜的坡度。填方较低侧，为避免地表水浸泡路基，设置截水沟，采用 M7.5 浆砌片石砌筑。

根据沿线的场地地貌，结合场地工程地质条件、工程特征，本工程拟采用换填垫层法处理道路路基，换填深度控制在 2.0m 以内，具体措施如下：

①房屋拆迁场地地表为松散杂填土和房屋基础结构，对路基填筑质量影响很大，须将其挖除，开挖深度控制在 1.5m 以内。因需要拆迁房屋大多位于台地，地势较高，地下水位低，可直接换填合格土至路床面高程，然后施工路面结构。碾压回填过程中须满足压实度要求。

②在农田路段及鱼塘，清除表层耕植土或浮淤，清除厚度为 2.0m，然后抛片石 1.0m，再换砂性土至路床面高程，最后施工路面结构。

③为了避免不同的地基处理方式对路基造成的不均匀沉降，对于不同处理方式的交界处前后各 15m 的范围内沿纵向铺设一层双向拉伸土工格栅。

④为了避免填挖交界处地基承载力差异对路堤造成的不均匀沉降，在填挖交界面沿纵、横向铺设长 10~20m 的双向拉伸土工格栅。

4.4.1.6　边坡支挡防护

由于工程道路沿线两侧均采用仰斜式挡墙进行支挡防护，不进行边坡开挖，采用垂直边坡形式，故无须进行边坡防护。全线分为路肩挡土墙和路堑挡土墙两种形式。

1) 路肩挡土墙

采用 M10 水泥砂浆浆砌片石砌筑而成，断面如图 4-8 所示。

2) 路堑挡土墙

路堑挡土墙为俯斜式挡墙，采用 M10 水泥砂浆浆砌片石砌筑而成，断面如图 4-9 所示。

4.4.1.7　路基排水设计

由于本工程道路沿线两侧红线范围内采用挡墙支护，故路侧不做路基排水设计，通过城市管网收集路面排水。

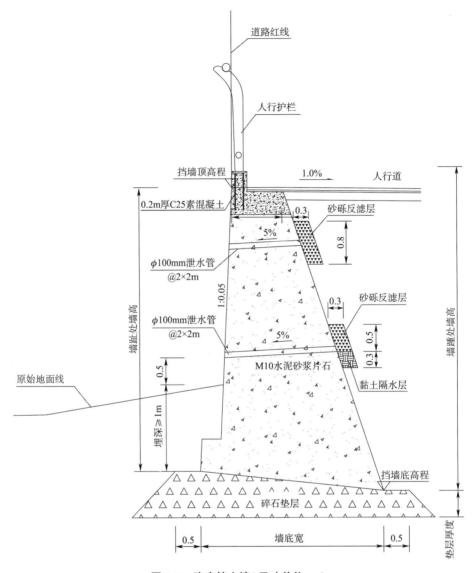

图 4-8 路肩挡土墙(尺寸单位:m)

4.4.2 路面工程

沥青混凝土路面设计年限 15 年。上面层为 4cm 厚沥青玛碲脂碎石混合料(SMA-13),中面层为 6cm 厚中粒式沥青混凝土(AC-20C),下面层为 8cm 厚粗粒式沥青混凝土(AC-25C),基层为 36cm 厚 5% 水泥稳定碎石,底基层为 20cm 厚 4% 水泥稳定石屑。

人行道各层由上至下依次为:60cm×30cm×8cm 花岗岩人行道砖,3cm 厚 M10 中粗砂调平层,15cm 厚 5% 水泥稳定碎石。

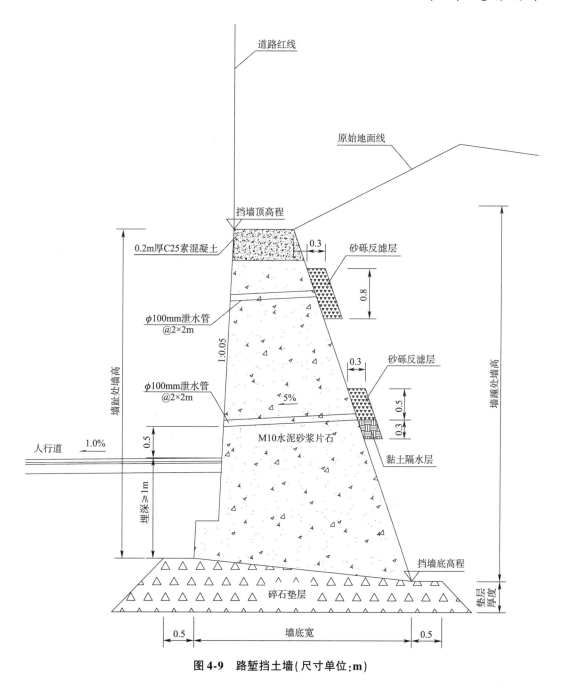

图 4-9 路堑挡土墙(尺寸单位:m)

非机动车道各层由上至下依次为:3cm 厚彩色混凝土,5cm 厚普通混凝土,15cm 厚 5% 水泥稳定碎石。

侧平石材料选用灰麻花岗岩。花岗岩材料石质应保持一致,且无风化和裂纹现象。侧石表面应经处理,并保持色泽一致,外露面加工精细度、光亮度应符合设计要求。花岗岩材料技术指标应符合有关技术规范的要求,体积密度应不小于

2.56g/cm³,吸水率应不大于0.6%,压缩强度应不小于100MPa,抗弯强度应不小于8MPa。

小半径的路口、转弯位,侧平石应切成梯形。无障碍通道下沉渐变段的侧石,也应该切出斜角,不得出现大块三角形、扇形的填缝料。较大半径的弯位,可不用梯形侧平石,但应使用25cm长度的侧平石进行安装,使弯位圆顺。

平石的横坡与路面横坡方向一致,坡度是路面横坡2倍,一般应为4%。

4.5 桥梁工程

4.5.1 桥梁设计原则

从化大桥为该项目的控制工程。根据大桥桥位的实际情况,确定了"主桥合理、先进,引桥经济、实用,全桥布置适当,协调美观"的设计总原则。

①路线布设绕避高大建筑物,避免堤岸立墩,减少拆迁量,降低项目实施难度。

②服从从化区总体规划和中心区域公路网规划,与现有城市路网布局相协调,充分考虑该项目整体交通组织的影响,力求使该项目发挥最大综合效益,并为远期发展预留条件。

③重视对城市环境、城市景观、历史文物的保护,路线方案选定必须充分考虑各方面因素,尽量减小对城镇生活环境的影响,避免对城市景观、历史文物造成不可弥补的破坏。

④根据地形、工程地质、水文地质条件以及相交河流的通航要求,合理选择桥位,尽量降低工程总造价,使该项目社会、经济效益合理。

⑤桥梁设计应满足《公路桥涵设计通用规范》(JTG D60—2015)提出的"技术先进、安全可靠、适用耐久、经济合理"的要求。

⑥合理选择桥型,确保方案比选深度,以控制工程规模,不遗漏可行方案。

⑦注重景观设计,注重精心设计,全面提升桥梁设计水平。

4.5.2 桥梁总体设计

桥梁总长466m,主桥为单跨136m下承式拱梁组合桥,桥宽40m,拱圈为由3根

第4章 总体设计

钢管通过横撑、斜撑组合而成的倒三角形桁梁组合拱,造型独特,结构设计新颖,见图4-10。南北侧引桥均为2×35m、3×30m预应力混凝土连续梁桥。

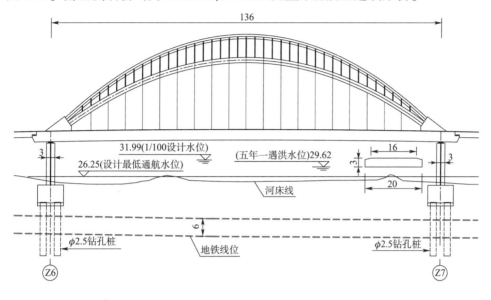

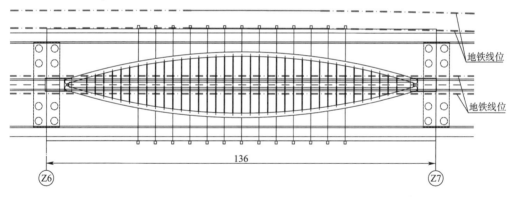

图4-10 主桥平、立面布置图(尺寸单位:m。高程单位:m)

主桥横断面为:2.5m(吊杆张拉区)+3.5m(人行道)+12.0m(机动车道)+0.5m(防撞栏)+3.0m(主吊杆区)+0.5m(防撞栏)+12.0m(机动车道)+3.5m(人行道)+2.5m(吊杆张拉区)=40.0m,如图4-11所示。

引桥横断面(含人行道)为:3.5m(人行道)+12.0m(机动车道)+0.5m(防撞栏)+3.0m(中央镂空带)+0.5m(防撞栏)+12.0m(机动车道)+3.5m(人行道)=35.0m,如图4-12所示。

引桥横断面(不含人行道)为:0.5m(防撞栏)+12.0m(机动车道)+0.5m(防撞栏)+3.0m(中央镂空带)+0.5m(防撞栏)+12.0m(机动车道)+0.5m(防撞栏)=29.0m,如图4-13所示。

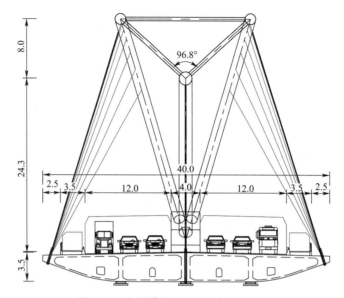

图 4-11 主桥横断面图(尺寸单位:m)

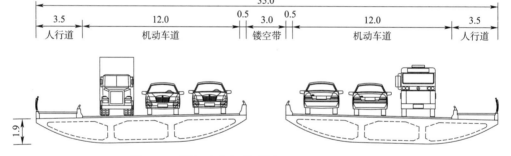

图 4-12 引桥(含人行道)横断面图(尺寸单位:m)

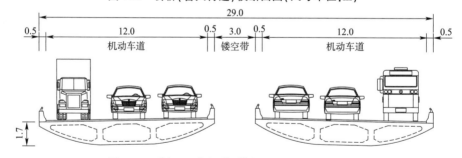

图 4-13 引桥(无人行道)横断面图(尺寸单位:m)

4.6 排水工程

4.6.1 总体概况

设计排水管道为本项目道路工程的市政附属设施,根据规划要求进行布置,并随道路主体工程同步设计、同步实施。主要内容包括:雨水管渠(d600~1500,宽×高=3.5m×2.0m),长约2.3km;污水管道(DN500~800),长约2.2km。

4.6.2 雨水系统设计理念

雨水系统设计以广州市及从化区相关规划为指导,以"二级排水,蓄排结合,分散出口,就近排放"为主要原则,综合考虑系统的安全性、合理性、经济性和实操性,具体如下:

①根据城市规划布局、地形,结合竖向规划和城市雨水受纳体位置,按照"就近分散、自流排放"的原则进行流域划分和系统布局。

②雨水量要与城市防洪、排涝系统规划相协调。

③雨水收集系统管道结合现状,充分利用已建雨水工程设施。

④充分利用现状地形,结合竖向规划,雨水尽可能自流排放;对于自流排放困难地区,可采用雨水泵站或与城市排涝系统相结合的方式排放,但尽量减少泵站数量。

⑤雨水系统高程控制要与现状地形、竖向规划及防洪、排涝规划相结合,在控制管道埋深的同时避免与其他专业管线冲突,尽量减少倒虹吸管道的设置,以利于雨水的及时排放。

⑥结合防洪、排涝规划,综合考虑防潮、防洪、排涝等多种因素,提高系统的可靠性。

4.6.3 污水系统设计理念

污水系统设计以广州市及从化区相关规划为指导,依据国家制定的城市污水处理工程技术政策,遵循"集中处理为主、分散处理为辅"的主要原则,具体如下:

①根据区域自然条件和排水工程现状,合理确定排水体制。

②污水收集系统管网布置结合现状,充分利用已建污水工程设施。

③污水管道尽可能避免穿越河道、地下建筑和其他障碍物,减少与其他管线交叉。

④污水管道系统的布置既要考虑水力条件、经济条件,又要考虑可实施性。

4.6.4 设计方案

4.6.4.1 管位布置

根据《从化区城市总体规划中心城区修编(2004—2020)》和《从化区城北新区东

片控制性详细规划》,本工程设计路段应设置2套雨污水重力流管道,收集周边地块雨污水。雨水管渠布置在道路两侧机动车道上,管道设在离人行道侧石3.5m处,暗渠设在离人行道侧石4.5m处,污水管道布置在道路两侧机动车道上离人行道侧石1.5m处。

4.6.4.2 工程方案

1）流溪河北岸雨水系统

管道走向为由南往北,管径为d600,暗渠截面尺寸为宽2.5m、高2.0m,坡度为0.001~0.003,下游接入北星路北侧现状东风涌。

汇水面积为0.5252km^2,设计流量为12145 L/s,流速为0.75~1.80 m/s。

2）流溪河南岸雨水系统

管道走向为由北往南,管径为d600~800,坡度为0.003,下游接入河东北路现状暗渠(断面宽1.5m,高1.5m)。

汇水面积为0.4km^2,设计流量为1300 L/s,流速为0.75~1.44 m/s。

3）接户管、雨水口连接管

接户管管径为d500~1000,坡度为0.003;雨水口连接管管径为d300,坡度为0.010。

4）流溪河北岸污水系统

管道沿设计路段往向阳二路敷设,下游接入向阳二路口规划d800污水管,设计管径为DN500,坡度为0.001~0.003。

5）流溪河南岸污水系统

管道由北往南敷设,下游接入从化大道现状DN800管道,设计管径为DN500,坡度为0.003。

6）接户管

接户管管径为d400,坡度为0.003。

4.6.4.3 管材选用

综合考虑管材强度、外部荷载、地质条件、产品供应、造价以及城市排水管应用经验等多方面的因素,并结合施工方法选择管材。

本工程污水管,管径小于800mm时采用HDPE(高密度聚乙烯)中空壁缠绕管。其余管道均采用Ⅱ级钢筋混凝土管。

钢筋混凝土管管材应符合《混凝土和钢筋混凝土排水管》(GB/T 11836—2009)的相关要求。

HDPE中空壁缠绕管管材技术要求为：管材环刚度不小于8kN/m²，弯曲受拉极限强度不小于80MPa。

Ⅱ级钢筋混凝土管管材质量应符合《混凝土和钢筋混凝土排水管》(GB/T 11836—2009)的相关要求。

管道接口要求为：HDPE管采用电热熔连接接口；Ⅱ级钢筋混凝土管为承插接口，采用橡胶圈连接。

4.6.4.4 管道地基处理

本工程雨污水管道基底承载力要求不小于100kPa。

根据场地地质情况和管道埋深，从技术可行、造价最省、进度最快角度考虑，本工程采用以换填及抛石为主的地基处理方式；对于大管径管道，若场地允许，则采用水泥搅拌桩、预制方桩等处理方式。处理原则如下：

①天然地基：如果管道底部土层为黏土、砂土或地基承载力特征值不小于80kPa，不需要进行地基处理，采用原状土天然地基。

②软弱土换填：对于厚度小于2.0m的软弱土层(如淤泥、淤泥质黏性土、杂填土等)，采用换填碎石砂(1:1)的处理方式。对于厚度大于2.0m的软弱土层，若管道管径较小(不大于600mm)，可采用抛石挤淤方式进行软基处理。对于大管径管道，若现场具备条件，采用预制方桩或水泥搅拌桩的处理方式；不具备现场条件的，采用高压旋喷桩的处理方式。

4.7 交通工程

从化区内交通基础设施建设不满足发展的需要，主要体现在以下几个方面：

①从化区河东片区与中心城区、城北新区主要依靠街口大桥连接，而街口大桥只有双向四车道，交通通行能力有限，经常引起交通堵塞，而从化区重要政府职能部门以及大型住宅小区分布在流溪河两岸，故新建一条连接河东片区与城北新区的桥梁势在必行。

②从化区的总体规划为"北优东拓"，但从化区缺少连接东部与北部的城市干道，城东综合区与城北新区的交通往来必须通过绕行才能实现，不利于城市发展。

③城北新区为从化区重点发展新区,目前该区交通基础设施缺乏,阻碍新区发展。

从化大道为该区域的骨架性道路,其建设将大大完善该区域的路网结构。本工程是从化大道的重要组成部分与关键节点,工程跨越流溪河,是连接城东与城北的主干道,其建设对整个从化区交通改善的意义重大。

从化区把交通基础设施建设纳入"十三五"重点工程,明确提出:对外交通方面,依托轨道、公路、铁路等多种交通方式,加强与地面公交等交通方式的衔接,构建对外畅通的交通体系;对内交通方面,建设"三纵三横"路网,即以从化大道、八乡大道、环市路为"三纵",以北星路、环城北路、迎宾大道为"三横"。"三纵三横"路网完成以后,将进一步畅通城区交通内循环,推动城区自南向北有序发展,极大提升城市承载能力和发展空间,城区面积也将由此前的约 $26km^2$ 扩大到 $55km^2$。

从化区确立了"三纵三横"路网规划,开启了提升城市承载能力、拓展城市发展空间的新征程。"三纵三横"格局的打造,需要率先建设"一桥两路","一桥"就是从化大桥,"两路"就是从化大道和北星路。从化大桥的建成通车,将引领从化区市政基础设施建设迈上新台阶。

4.7.1 设计原则

①交通标线应按规范设置,与交通标志相结合,合理诱导交通流。

②标志颜色符合国家标准,指示、指路标志采用蓝底白色图案。文字指示标志中,中、英文字大小比例为 2∶1。标志面板反光材料满足《道路交通反光膜》(GB/T 18833—2012)的要求。

③交叉口信号控制设备应满足现行国家标准《道路交通信号灯》(GB 14887)1 类 1 级(W 型)全部技术要求,具有公安部交通安全产品质量监督检测中心按国家标准出具的全部项目检测报告,且检测报告在有效期内。

4.7.2 交通组织

4.7.2.1 分、合流交通组织

考虑了上、下桥端部的分合流交通组织,采用地面标线和交通标志,并结合端部相应的安全设施,强化了道路主辅变化位置的交通路径选择,保障了分合流处的交通安全、高效。

4.7.2.2 地面交通组织

上跨地面道路为沿江北路、河滨北路。地面采用平交方式组织,利用相交道路的断面布置特点进行渠化设计,优化了桥下转向交通的组织方式,明确主辅车道路权分配,加上合理、科学的相位配套设计,从时间、空间上减少了交叉口延误,提高通行效率。因沿江北路须上跨现状堤岸道路,设计单位经过现场调研,分析现状交通出行特点,通过接驳桥下交叉口,并结合交通安全设施实现了堤岸路的合理接入,保障路口的交通安全,提高道路运行效率。

4.7.2.3 慢行交通组织

设计遵循"以人为本,尊重慢行"的原则,断面上两侧分别设有人非共板的慢行交通系统,人行天桥两侧设置有推行坡道。断面设置使得机动车与慢行交通分隔开来。在过街路口采用信号控制,保障慢行交通的安全。非机动车道采用彩色铺装,提升了慢行体验,增强城市景观的代入感。

4.7.3 主要交通设施

4.7.3.1 交通标线、标识

全线设计的标线、标识主要有机动车道边缘线、机动车道分界线、纵向减速标线、横向减速标线、导流线、路口人行横道线、公交车站标线、导向箭头、地面文字标识、地面让行标识、人行横道预告标识共 11 种,针对沿线道路的平、纵、横情况和各种道路权利的交织与冲突进行了详尽的设计,使得道路的权利划分清晰、明了。

4.7.3.2 交通标志

1)路权强化、补充、解释说明标志

严格按照《道路交通标志和标线》(GB 5768—2009)的要求及广州市最新指引的规定,针对项目具体情况,结合交通特点,进行禁令、警告、指路、指示标志布置,明确道路权利的使用规则,保障道路安全。

2)指路系统

根据从化区路网规划,结合广州及周边城市路网指路系统的成功案例,进行指路系统的设计,为交通出行便捷、高效提供了基础条件。

指路系统设计主要对道路前方节点所连接的道路和可到达地域进行分析,针对道路的地理位置,立足指路标志牌面规格、信息表现形式,建立道路、地名信息的分级

体系,以便根据不同层次信息决定提前预告的范围,引导、预告通用地名和路名,按照由远及近的原则,分级指引、逐步引导。指路系统设置于道路分合流处、道路交叉口处,用于指示交通可通达的路径、方向,提高通行效率(图4-14)。

图4-14 指路系统标志图

4.7.3.3 信号控制

在沿江东路地面交叉口设置了信号控制系统。信号灯应符合《道路交通信号灯》(GB 14887—2016)中1类1级(W型)的全部技术要求,具有公安部交通安全产品质量监督检测中心的检测报告,且检测报告在有效期内。

机动车信号灯、非机动车信号灯每组由红、黄、绿共3个几何位置分立单元组成,同一方向上的红、黄、绿三色方向指示信号灯应为3个几何位置分立单元。为了保证路口相位设计的灵活性,信号灯使用箭头和全屏可互换的灯具。灯芯电源和LED(发光二极管)灯板装成一个整体,但相互之间必须隔开并设置保护罩,以保证LED灯板的密封和电源的散热。信号灯带电设备基础均做防雷接地,接地电阻小于4Ω,所有电源引入口加装避雷器。

4.7.3.4 其他交通安全设施

1)行人护栏

为保障行人安全,规范行人过街秩序,减少行人过街不走斑马线、违章穿越机动车道的现象,在行人过街位置未设置绿化带范围内的人行道与机动车道之间设置一定长度的行人护栏。

2)路侧护栏

在路堤高度超过2m的路段或者慢行交通有跌落危险的路段,须设置路侧护栏,以保障行人及非机动车通行的安全。

3)防撞消能桶

在分流处的端部设置消能防撞桶,对行车安全起到警告作用,保障道路安全。

4.7.3.5 施工期间交通疏解

从化大桥桥施工期间交通疏解设计的目标是"尽量利用周边路网绕行、保持交通不断流、尽量减轻施工对市民出行的影响"。

涉及的现状道路为河东北路、沿江东路,均为城市次干路。施工期间,为保障其交通不中断,在上跨桥梁施工过程中,搭设支架门洞,供河滨北路交通经门洞通行。施工节点外围设置提示标志,从外围分流驶向施工节点的交通流,降低施工期间的交通压力;在施工节点前后,按照规范要求设置相应的警告区、提示区、施工区和过渡区,对应布置相应的安全措施,并要求在交通繁忙时段增设交通引导员,保障施工期间的安全(图4-15)。

图4-15 现状道路施工期间交通组织

4.8 照 明 工 程

道路上的功能照明采用常规路灯照明系统,在道路两侧人行道设置常规路灯(图4-16),平均照度要求不小于30lx;在路口处设置投光灯。

图4-16 道路照明

4.9 绿化工程

4.9.1 设计原则

①绿化设计简洁、大方、通透,衬托桥型美感。
②植物的布置不能影响行车的通视条件。
③桥底植物应易栽、易活、易养、易管、耐荫。

4.9.2 设计理念

从化大桥绿化设计主题为"流溪映满月,花叶照疏林"。"流溪映月"为桥梁主题。通过植物素材的运用,呼应桥梁主题,营造出疏林草地的景观效果,与从化大桥简洁大方的设计风格一致。

4.9.3 设计方案

4.9.3.1 行道树

桥梁两侧行道树为假苹婆。假苹婆为国产苹婆属中分布最广的一种,树干通直,树冠为球形,翠绿浓密,果色鲜红,观赏价值高,是十分优良的观赏植物(图 4-17)。

图 4-17 假苹婆

4.9.3.2 中央绿化带

从化大道中央绿化带种植细叶榄仁,具有树形优美、抗病虫害、抗强风吹袭、耐贫瘠等优点,极具观赏价值。引桥中央绿化带种植观赏价值高、易养护、耐修剪的黄金叶和红继木球(图 4-18),色彩对比鲜明,低矮的灌木衬托出从化大桥高大的形态。

4.9.3.3 桥底绿化

由于本桥底净空较低,采光效果差,推荐采用阴生植物白蝴蝶、蜘蛛兰以及灰莉(图 4-19),规则式种植,简洁大方。

图 4-18 中央绿化带种植植物

图 4-19 桥底绿化

4.9.3.4 渠化岛绿化

渠化岛周边的植物配置应能够增强导向作用,在行车视距范围内采用通透式配置模式。

本项目与河东北路和向阳东路交叉口渠化岛绿化面积较大,种植观赏价值高的红花风铃木,点缀少数红继木球,地被种植台湾草;与河滨北路渠化岛绿化面积较小,地被仅种植风雨花,简洁大方色彩明丽(图 4-20)。

图 4-20 渠化岛绿化

4.9.3.5 中央绿化带堆坡处理

中央绿化带标准段采用龟背形堆坡处理,坡度采用视觉效果最舒适的20%。引道段本身高出地面,堆坡0.15m。引道段与标准段自然过渡,引道段 K0+100～K0+

180 长度较短,与标准段统一品种和样式;K0+900~K1+020 段宽度由 4m 缩窄到 1.5m,自然过渡到堆坡 0.1m;K1+020~设计止点,中央绿化带宽 1.5m,堆坡 0.1m。中央绿化带堆坡处理如图 4-21 所示。

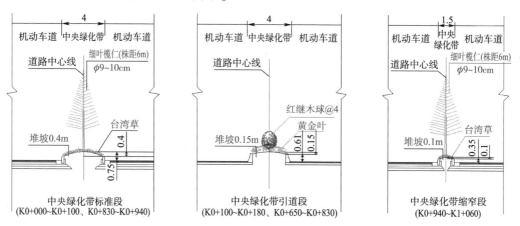

图 4-21 中央绿化带堆坡处理(尺寸单位:m)

第5章 桥梁设计

5.1 主桥上部结构、主副拱及吊索

5.1.1 主桥上部结构设计

主桥上部结构设计为单跨136m的拱梁组合体系。

主梁采用等高预应力混凝土现浇箱梁，梁高3.5m，高跨比为1∶38.8。桥梁横向按整幅设计，采用单箱多室鱼腹式断面，吊杆处箱梁顶板宽40m，宽跨比为1∶3.5，高宽比为1∶11.1；无吊杆处箱梁顶板宽37.8m，见图5-1。箱梁顶板设置双向2.0%的横坡，底板水平，底板与边腹板采用半径为20.0m的圆弧连接，顶板厚0.28m，底板厚0.22m。中腹板为系杆布置区及拱肋锚固区，厚度取0.9m，边腹板厚度取0.6m。

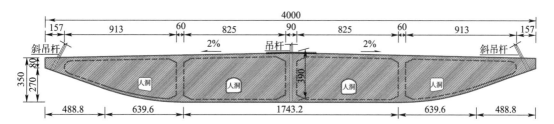

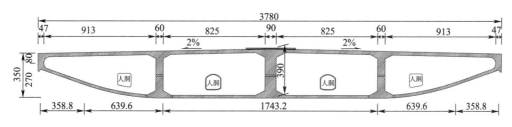

图5-1 主梁标准横断面图（尺寸单位：cm）

主梁除在端部拱座处设置6.5m宽端横梁外，还在对应吊杆位置每隔6m设置一道横隔梁，横隔梁厚0.2m。在两道吊杆横隔梁之间每3m加设一道厚度为0.16m的小横隔梁。主梁两端部设计为下牛腿，作为引桥边跨的支承端。

主梁采用双向预应力体系,包括纵向预应力、横向预应力,钢束均采用φ^{s}15.2 高强度低松弛预应力钢绞线,钢绞线抗拉强度标准值f_{pk} =1860MPa。具体方案如下:

①主梁纵向预应力:钢束规格为 22 φ^{s}15.2,分批间隔张拉,钢束张拉控制应力为 $0.75f_{pk}$ =1395MPa。

②桥面板横向预应力:采用预应力钢绞线,每隔 0.5m 配置 1 根钢束,靠近吊杆两侧为 5 φ^{s}15.2 钢束,远离吊杆处为 4 φ^{s}15.2 钢束,钢束张拉控制应力为 $0.75f_{pk}$ =1395MPa。

③横隔梁横向预应力:有斜吊杆段配置 2 根 4 φ^{s}15.2 和 4 根 5 φ^{s}15.2 钢束,无斜吊杆段配置 2 根 5 φ^{s}15.2 和 2 根 9 φ^{s}15.2 钢束,钢束张拉控制应力为 $0.75f_{pk}$ =1395MPa。

④横梁横向预应力:横梁 4m 范围内间隔 0.4m 配置预应力钢束,顶板配置 11 根 5 φ^{s}15.2 钢束,底板配置 7 根 4 φ^{s}15.2 钢束,钢束张拉控制应力为 $0.75f_{pk}$ =1395MPa。

5.1.2 主、副拱设计

从化大桥拱圈由 3 根钢管通过横撑、斜撑组合成倒三角形。主拱位于竖直平面内,理论跨径为 136m,理论矢高为 26.2m,矢跨比为 1/5.2;两根副拱由竖直平面向外侧旋转 16.8°而成,理论跨径为 136m,理论矢高为 31.7m,矢跨比为 1/4.1。主、副拱轴线均采用二次抛物线,拱肋沿纵桥向共划分为 7 个节段。安装拱肋时,段与段之间首先通过法兰盘进行连接,然后通过嵌补段将稳定拱拱肋对接焊连形成整体。

5.1.2.1 主拱拱肋

主拱拱肋采用单圆管截面,见图 5-2,管内灌注 C50 微膨胀混凝土。拱肋钢管直径为 1.8m,壁厚为 26mm。钢管内壁沿圆弧每隔 45°设 1 道纵向加劲肋,板宽 160m,厚 16mm。沿纵桥向每隔 3m 设 2 道环形加劲板,加劲板均竖向设置,其位置与斜撑腹板位置对应,加劲板厚 16mm。

5.1.2.2 副拱拱肋

副拱拱肋采用单圆管截面,见图 5-3,管内灌注 C50 微膨胀混凝土。拱肋钢管直径为 1.5m,壁厚为 22mm,钢管内壁沿圆弧每隔 60°设 1 道纵向加劲肋,板宽 160m、厚 16mm。沿纵桥向每隔 3m 设 2 道环形加劲板,加劲板均竖向设置,其位置与斜撑腹板位置对应,加劲板厚 16mm。

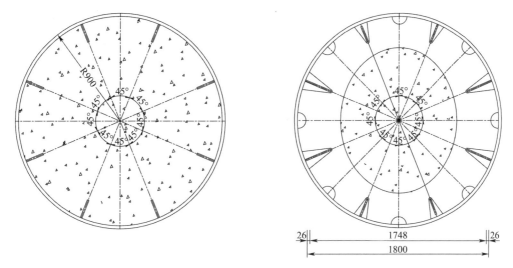

图 5-2 主拱拱肋标准横断面图(尺寸单位:mm)

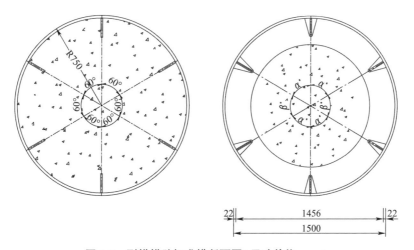

图 5-3 副拱拱肋标准横断面图(尺寸单位:mm)

5.1.2.3 拱肋钢管间的连接系(横撑、斜撑)

主、副拱肋之间从跨中断面起设置间距3m的斜撑,共37对。斜撑为矩形断面。斜撑在节点处的截面尺寸为60cm×50cm,腹板厚16mm,顶底板厚16mm。两片副拱拱肋间对称设置间距3m的横撑,共37道。横撑采用矩形断面,截面尺寸与斜撑相同。

5.1.3 吊杆设计

主拱共设19根吊杆,副拱共设13对吊杆,见图5-4。吊杆顺桥向间距为6m,吊杆索体采用PES(FD)系列新型低应力防腐拉索。该拉索为双层HDPE防护的全防腐索体,双层HDPE之间设一隔离层,索体钢丝内注防腐油脂。

主拱吊杆索体规格为PES(FD)7-187,每股拉索均由187根φ7mm镀锌高强度低松弛预应力钢丝组成,拉索的标准强度为1670MPa,钢丝束公称截面面积为71.97cm^2,破断荷载为12018kN。副拱吊杆索体规格为PES(FD)7-73,每股拉索均由73根φ7mm镀锌高强度低松弛预应力钢丝组成,拉索的标准强度为1670MPa,钢丝束公称截面面积为28.09cm^2,破断荷载为4692kN。

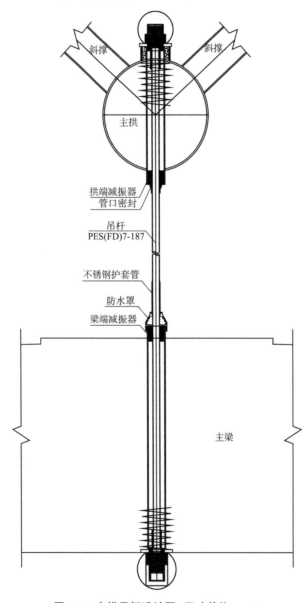

图5-4 主拱吊杆设计图(尺寸单位:mm)

为了方便施工和后期维修、更换吊索,吊杆锚头外露,并设置圆形防护罩进行保护。

5.2 引桥上部结构

5.2.1 结构选型

考虑场地地质条件、施工工法、经济性等方面因素,引桥水中部分位于非通航孔处,跨径可相对减小,可采用30~50m的常规跨径,跨径的大小主要取决于经济分孔和施工设备条件。结构形式可以选择预制结构,如预制小箱梁、预制T梁、钢箱梁等,也可选择现浇预应力混凝土结构。由于预制混凝土结构景观效果差,预制钢结构造价高,本工程从景观及经济性出发,采用现浇混凝土结构。

在跨径选择方面,桥位处的工程地质较好,对布跨不产生影响。由于在岸上跨越道路且道路两侧建筑物较密集,对桥下净空及景观有要求,宜采用较小跨径以降低梁高。综合上述因素,引桥水中段选择35m跨,主桥两侧各一联,跨径布置为3×35m;岸上段选择30m跨,两岸各一联,跨径布置为2×30m。

对于跨径在30~50m的中等跨径连续梁桥,为了获得较高的经济效益、施工方便、构造简单等,采用等高连续梁桥。梁高常选用1/15~1/25倍跨径。箱梁截面与主桥截面形式相呼应,亦采用鱼腹形断面,整个箱梁在视觉上比较扁平,景观效果较好。

5.2.2 构造设计

引桥水中部分采用35m跨径预应力混凝土现浇连续箱梁,岸上部分采用30m跨径预应力混凝土现浇连续箱梁。

跨径35m引桥的上部结构采用预应力混凝土单箱四室鱼腹形连续梁,梁高1.9m,腹板均采用直腹板,单幅桥面设单面坡(图5-5)。箱梁顶板宽16m,底板直线段宽8.6m,两侧鱼腹形底板投影长度为3.7m。箱梁顶板厚25cm,底板厚22cm,腹板厚40~70cm,对应钢束张拉位置处的腹板加厚至80cm。

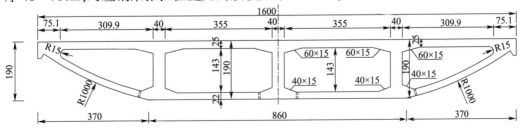

图 5-5 引桥35m跨径段横断面图(尺寸单位:cm)

跨径30m引桥的上部结构采用预应力混凝土单箱三室鱼腹形连续梁,梁高1.7m,腹板均采用直腹板,桥面设单面坡(图5-6)。箱梁顶板宽13m,底板直线段宽4.75m,两侧鱼腹形底板投影长度为4.125m。箱梁顶板厚25cm,底板厚22cm,腹板厚50～80cm。

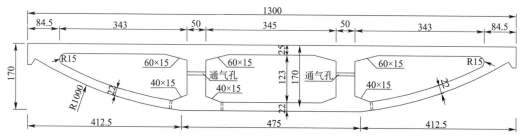

图5-6 引桥30m跨径段横断面图(尺寸单位:cm)

5.2.3 预应力设计

预应力钢束采用高强度低松弛钢绞线$\phi^s15.2$,抗拉标准强度为1860MPa,抗拉设计强度为1260MPa。

3×35m跨腹板束型号为$\phi^s15.2$-21,每个腹板按竖向单排布置,共3根;顶板束为$\phi^s15.2$-6,对应每个腹板左右两侧各布置3根;底板束为$\phi^s15.2$-5,对应中腹板左右两侧各布置2根,边腹板靠箱梁内侧单侧布置2根。由于该联箱梁位于主桥与3×30m跨箱梁之间,为保证施工进度,减小两侧桥梁施工对该联的影响,钢束设计为单端顶板张拉。

2×30m跨腹板束型号为$\phi^s15.2$-14,每个腹板按竖向双排布置,共6根;顶板束为$\phi^s15.2$-5,对应每个腹板左右两侧各布置3根;底板束为$\phi^s15.2$-5,对应边腹板靠箱梁内侧单侧布置2根。该联箱梁位于桥跨两侧,为保证施工进度以及施工的独立性,钢束设计为单端腹板张拉。

5.3 桥梁下部结构

5.3.1 桥墩

桥墩采用板墩。在桥墩横向,通过勾勒弧线凹槽,使得造型多变、不呆板。在墩顶横向、纵向拓宽,形成花瓶式桥墩。桥墩为整幅式桥墩,桥墩底截面尺寸为3m(纵向)×18m(横向)。

主墩下设8根直径2.5m嵌岩桩,桩基础与桥墩之间通过承台连接。桥墩采用C40混凝土。根据上部结构桥宽的不同,桥墩采用不同的截面尺寸。为了避开地铁,将桩基承台跨径增大,净跨达12m,确保桩基与地铁的净距不小于3m,见图5-7。

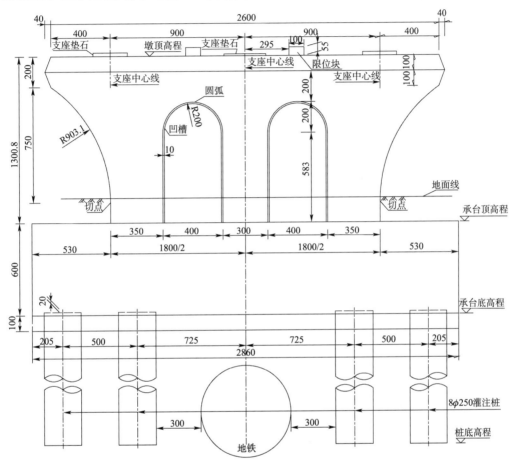

图5-7 主桥桥墩构造图(尺寸单位:cm)

引桥采用与主桥桥墩外形相近的板式花瓶墩。同样,通过在桥墩横向勾勒弧线凹槽,使得造型多变、不呆板。引桥桥墩根据上部结构宽度的不同,采用不同的宽度,桥墩分左右两幅分别设计,有效避开地铁结构,见图5-8。

5.3.2 桥台

采用薄壁式桥台,台身左右分幅,中间设置2cm断缝。承台采用整体式,台下设8根直径1.5m嵌岩桩。桩基础与桥台台身之间通过承台连接。桥台采用C40混凝土。为了避开地铁,将桩基承台跨径增大,净跨达12m,见图5-9,确保桩基与地铁的净距不小于3m。

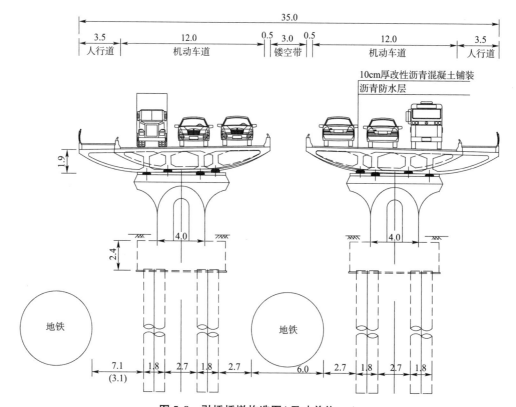

图 5-8 引桥桥墩构造图(尺寸单位:m)

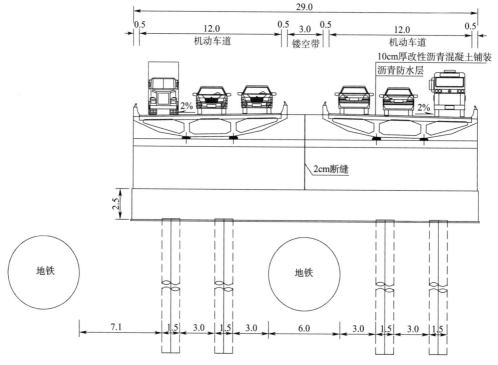

图 5-9 引桥桥台构造图(尺寸单位:m)

5.3.3 承台

主桥承台底设厚度为100cm的C15素混凝土封底。引桥承台底设厚度为10cm的C15素混凝土垫层。主墩及桥台承台须跨地铁结构,净跨12m,主墩承台高6m。承台总横桥向宽度为28.6m,纵桥向宽度为9.1m。承台顶面埋深为0.5m。

引桥承台高度为2.4m。承台总横桥向宽度有6.5m、7.4m两种,纵桥向宽度为2.9m。土方开挖平均深度约为3m,采用挡土板支护,尽量留出地面道路宽度作为施工便道。承台回填料为中、粗砂,采用水密法冲实。

5.3.4 桩基

桩基采用钻孔灌注桩或冲孔灌注桩;已建成地铁附近的桩基采用旋挖钻。

引桥桩基直径有150cm、180cm两种。主桥桩基直径为200cm。主桥桩基为大直径桩,设置三角形固定加劲钢筋和内加劲圆形箍,见图5-10,每间隔100cm设置一道,防止钢筋笼变形,同时起到控制混凝土水平离散力的作用,增强桩基结构本身的整体性能。桩身外围设置2根HPB300螺旋钢筋。桩基础施工简单易行,应及时清运淤泥,防止泥浆外溢,不得排入下水道。

桩基通过承台与墩相接。

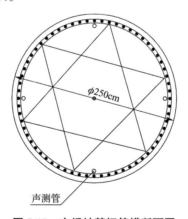

图5-10 主桥桩基钢筋横断面图

5.4 桥梁附属工程

5.4.1 防撞护栏

防撞护栏选型对桥梁安全、美观、耐用性等方面具有较大的影响。考虑到本工程为城市桥梁,对景观有特殊要求,防撞护栏应与桥型、桥梁周围的自然景观相协调,起到美化桥梁建筑的作用。

本工程主桥为系杆拱桥,主桥中间设有4m宽的吊杆区。为方便中间吊杆区横向排水,同时减轻二期荷载,吊杆区两侧的中央防撞护栏采用钢结构护栏。引桥为分离式现浇混凝土箱梁,考虑结构施工的便捷性,选用组合式防撞护栏,即由钢筋混凝土墙式护栏和钢扶手组合而成,具有自重轻、造型轻巧、外观美观等优点。引道防撞护栏选型与引桥相同。

5.4.2 桥面防水

为防止雨水侵入上部结构层、腐蚀结构钢筋并影响桥梁结构的耐久性,施工完上部梁体结构后,须在结构顶面涂防水材料,然后摊铺沥青,防水层涂膜平均厚度为1.5mm。本工程使用的防水涂料须符合《道桥用防水涂料》(JC/T 975—2005)的规定。

桥面防水层采用桥梁专用的聚氨酯防水材料,其主要成分为高分子合成的氨基甲酸酯,是二液反应型的液态化合物,将A、B两液均匀混合后,经化学反应,数小时后即硫化成富有弹性的整体无缝橡胶防水层。该涂料的涂膜防水层具有橡胶弹性,能在一定范围内适应基层的开裂,特别是对各种容易发生变形的部位,经特殊工艺施工后,都能形成良好的柔性防水层,防水性能好,延伸性强,黏结力强,耐候、耐腐蚀、耐老化性能也好,采用冷施工,工艺简便,维修方便。

5.4.3 桥面铺装

全桥桥面铺装均采用4cm细粒式进口改性沥青玛琋脂(SMA-13)+6cm中粒式沥青混凝土(AC-20C)。

SMA(沥青玛琋脂碎石混合料)是由沥青结合料与少量的纤维稳定剂、细集料以及较多的矿粉组成的沥青玛琋脂,填充在间断级配的粗集料骨架的间隙中,组成沥青混合料。其优点表现在:

①嵌挤的骨架——高温稳定性好,抗车辙能力强。

②粗集料用量多——路表面粗糙抗滑,行车安全。

③空隙率较小——抗水害,耐老化。

④沥青用量多——抗裂性好,耐久性好。

5.4.4 桥面桥上及引道排水

5.4.4.1 排水方式的选择

流溪河属于水源保护区,桥面雨污水不得直接排入河内。

跨河段桥梁长度不长,桥宽也不大,整个桥面的汇水面积不大,因此跨河段采用纵、横坡自然排水。岸上段桥梁跨径较小,均为30m,桥梁净宽仅12m,通过在桥墩附近设置泄水孔排水即可满足要求。

5.4.4.2 排水构造

桥梁纵坡3.9%,双向横坡2%。跨江段桥梁通过纵、横坡自然排水,岸上段桥梁桥面排水采用联合式进水格栅(平面与侧面结合进水),在防撞护栏内设集水槽,并在箱梁对应位置开泄水孔,通过泄水管沿梁侧壁及桥墩立柱而下,接入地面排水系统,见图5-11、图5-12。泄水孔设置在桥墩上游距离跨径轴号线1.5m处。

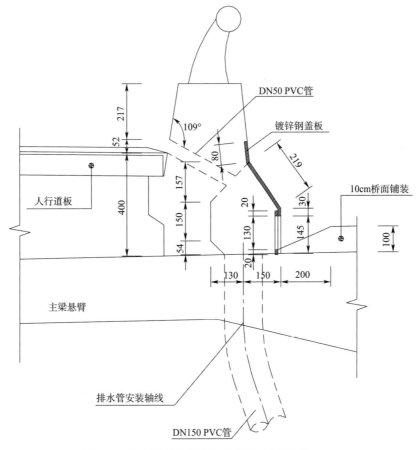

图5-11 有人行道处泄水孔大样图(尺寸单位:mm)

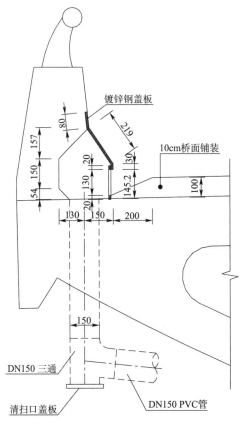

图 5-12 无人行道处泄水孔大样图(尺寸单位:mm)

5.4.5 伸缩缝

5.4.5.1 伸缩缝形式的选择

根据从化地区气候及本工程桥梁分跨情况,每联箱梁间设一道伸缩缝。伸缩缝采用经久、耐用、防滑、易于维修和更换的材料与构造形式。本工程采用80型、160型模数式伸缩缝,其由专用型钢、密封橡胶带、承压支座、压紧支座、位移控制箱和锚固筋组成,优点有:

①在发生位移的情况下仍能保持桥面光滑平整,保证了行车的平稳性。

②伸缩量大,防水性佳,外观美观,使用寿命长。

5.4.5.2 伸缩缝伸缩量的计算

根据《公路钢筋混凝土及预应力混凝土桥涵设计规范》(JTG D62—2004),由梁结构类型(普通钢筋混凝土箱梁、预应力混凝土箱梁)、每联联长、固定墩位置、构件截面面积、构件与大气接触周边长度等参数计算得出伸缩装置在安装后的闭口量 C^+ 及

开口量 C^-,选取的伸缩装置的伸缩量 C 应满足 $C \geq C^+ + C^-$。

伸缩装置的安装宽度(或出厂宽度)在 $B_{min} + (C - C^-)$、$B_{min} + C^+$ 两者中或两者之间取值;其中,B_{min} 为伸缩装置的最小工作宽度,根据订货厂家的产品确定。

5.4.6 人行道

5.4.6.1 人行道形式选择

本项目仅在跨河段桥梁段设置有人行道,人行道宽度为3.5m。由于主桥、引桥主梁均为混凝土结构,同时考虑耐久性等因素,人行道结构采用混凝土结构。

5.4.6.2 人行道构造要求

人行道共设置3道底座,见图5-13。靠近机动车道侧设置组合式防撞护栏,人行道结构层为8cm厚C30混凝土预制板+1cm厚水泥砂浆抹面+3cm厚花岗岩。为方便排水,人行道向内侧设置1%横坡。

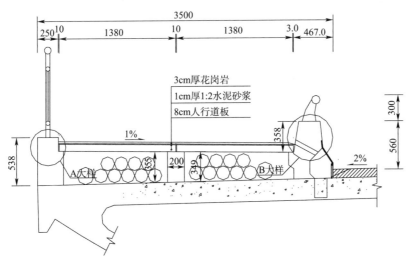

图5-13 人行道构造图(尺寸单位:cm)

人行道外侧栏杆高度不得小于1.1m,栏杆构件的最大净距不得大于140mm。为防止人行道基座收缩裂缝,应每隔5~10m设置一道1cm断缝。

5.5 桥梁施工方案

5.5.1 总体施工方案

由于地铁14号线穿越流溪河段右线隧道中心线,与从化大桥中心线重合,隧道结构与桥梁桩基最小水平净距仅为 2m,并且两个项目工期重叠,两者施工存在相互影响,形成复杂的施工工况。经协调从化大桥及地铁 14 号线的工期安排,该范围施工顺序为:桥梁桩基、承台施工→地铁盾构隧道施工→桥梁墩身及上部结构施工。

5.5.1.1　跨河主桥施工步骤

基本施工顺序为:①施工准备→②钢便桥及钻孔平台施工→③桥梁桩基、承台施工→④地铁 14 号线盾构隧道施工→⑤桥梁墩身施工→⑥搭设支架现浇主桥混凝土梁和拱座,张拉主桥预应力钢束→⑦在主桥桥面上搭设拱肋支架→⑧分段吊装拱肋,并焊接合拢→⑨安装并张拉吊杆→⑩满堂支架现浇相邻联引桥混凝土梁体→⑪拆除支架,调整主桥吊杆张拉力→⑫桥面系、附属工程施工→⑬荷载试验,竣工通车。

5.5.1.2　引桥施工步骤

引桥上、下部结构均采用现浇方式施工。整体施工顺序为:①道路软基处理→②台后路基填土→③桩基、承台→④地铁 14 号线盾构隧道施工→⑤桥梁墩台→⑥支架现浇引桥主梁→⑦施工附属工程。

5.5.2　桩基施工

施工单位在桩基施工前,应先按管线迁移方案综合协调施工顺序,妥善安置现有管线,复测纵、横间距以及跨度、坐标,大桥和地铁施工方联合测量以确保桩位准确无误。

由于隧道结构与桥梁桩基最小水平净距仅为 2m,桩基施工时须严格控制施工容许误差:平面位置误差不得超过 ±50mm,倾斜度偏差小于 1/100,桩径误差不得超过 +50mm。此外,为隧道盾构施工预留足够的水平安全净距。

桩基终孔原则:桥梁桩基均采用嵌岩桩,终孔时除应保证桩底的入岩深度,还应使桥梁桩基的底部低于地铁隧道底部 5m 以上,以尽可能减小施工、运营期地铁隧道同桥梁结构之间的相互影响和干扰。

在可能发生塌孔的不良地质段,应编制应急预案,准备充足的应急材料和设备,如钢护筒、沙袋、土袋、注浆材料和注浆设备等。

5.5.3　承台施工

主墩承台采用钢板桩围堰施工方法,与承台桩基施工平台方案相结合,先利用桩基施工平台完成主墩桩基施工,完成桩基混凝土浇筑后,再施工承台基坑钢板桩围堰,之后逐层开挖基坑,同时做好钢板桩围堰内部钢支撑和封排水工作,最后完成基坑开挖,进行承台施工。施工单位应根据施工时的实际情况,对封底混凝土的强度、与桩身的黏结力等各项指标进行检查,必要时应采取有效措施。

主墩承台体量较大,施工时应分段浇筑。每浇一层间隔7~12d,下层混凝土达到设计强度的80%后才能浇筑上层混凝土。浇筑下一层的混凝土前,将顶面的浮浆、油污清除干净,并对先浇的混凝土表面进行严格的拉毛处理,以保证新、老混凝土的良好结合。承台施工时注意预埋墩身钢筋,并确保钢筋定位的准确。

主墩承台冷却管采用钢管光-32-YB234-63黑铁管,在埋设及浇筑混凝土过程中应防止堵塞、漏水和振坏。浇筑混凝土时,向冷却管通冷水,并连续通水14d。

引桥承台土方开挖采用挡土板加放坡支护,承台底面采用混凝土封底,现场绑扎钢筋,直接安装模板后浇筑混凝土。

5.5.4 桥墩施工

桥墩施工采用搭设支架法。墩柱采用钢模板,以保证外观质量平滑、无砂眼、边棱分明、线条圆顺。施工中,注意新、老混凝土结合面的清洗和凿毛。为使全桥颜色一致,宜选用同一厂家的水泥。

为防止墩身在分段施工过程中出现收缩裂缝,施工单位应做好温控设计,采取必要的温控措施:在材料方面,应反复优化配合比;在工艺方面,尽量降低集料的入模温度,缩短节段之间的混凝土龄期差,特别是承台与墩底第一节段之间的混凝土龄期差(建议承台与墩底第一节段之间的混凝土龄期差不大于5d),并加强混凝土养生。

5.5.5 主桥上部结构施工

桥位处水深约1~2m且现状不通航,有条件采用支架施工。从简化施工工序、降低施工控制难度和施工风险、缩短施工工期的角度出发,最终决定采用"先梁后拱"的施工方案,即先在水中施工临时墩及钢平台,然后在钢平台上搭设支架浇筑混凝土系梁并张拉系梁预应力,最后在桥面上搭设拱肋支架,拼装拱肋,安装并张拉吊杆。

5.5.5.1 预应力主梁施工

1)支架设置

设置支架前,应充分考虑汛期防洪所需的过流能力。考虑采用钢管桩柱加型钢(或贝雷架)支架体系,以维持河段排洪功能。

支架应具有足够的强度、刚度和稳定性,应采取措施减小非弹性变形及地基沉陷的影响,必要时对地基进行处理。

浇筑混凝土前,应按施工规范要求对支架进行预压。预压荷载为上部结构自重的1.05倍,预压时间不少于7d,且最后2d累计沉降量不大于2mm。

2)混凝土浇筑

浇筑混凝土前,应全面检查模板、支架。采用预压措施后,支架将有回弹现象,应注意波纹管、锚垫板、喇叭管、螺旋筋等的位置准确、定位牢固。要注意各预埋件的设置。

施工缝应留置在结构受剪力和弯矩较小且便于施工的部位。对于两次浇筑的接缝及纵向施工缝,均应严格按照施工缝处理。

箱梁纵向浇筑宜由悬臂端及跨中开始,向墩台方向进行;横向浇筑应从外侧悬臂板向梁中线进行。

混凝土浇筑时,箱梁顶板顶面高程应考虑设置预拱度的要求。粗糙度应为0.5~1mm,平整度应小于或等于1.67mm/m,以利于防水层铺设。

后浇带掺加聚丙烯化学纤维,单丝合成纤维直径为18~65μm,长度为19mm,抗拉强度为280MPa,掺量为$1kg/m^3$。聚丙烯化学纤维应均匀分布于混凝土内部。施工时,混凝土/砂浆原配合比不变,仍应按有关规范进行施工管理,不能因为使用聚丙烯化学纤维而对降低施工质量的管理要求。

3)预应力工艺

波纹管在安装前应完好无损。安装时,应严格按照定位固定钢筋,防止在施工过程中发生位置改变。在波纹管接头部位及其与锚垫板喇叭管接头处,均应采取有效措施,保证密封,严防漏浆。按规范要求预留的压浆孔和出气孔,应确保外引到位。

锚垫板、喇叭管、螺旋筋及锚具应采用厂家供应的定型产品。

钢绞线下料前,务必核对图纸长度。尤其是对于曲线和异型段结构,应核对各编号钢束的实际长度,核实无误后方可下料。

预应力张拉应符合以下要求:

①对预应力筋施加预应力前,应对构件进行检验,外观和尺寸应符合质量要求。张拉时,混凝土强度不应低于设计强度的95%,弹性模量不应低于设计值的90%,且须满足7d天龄期的要求。

②预应力筋张拉采用张拉力、伸长量双控。施工前,应根据钢束实测弹性模量对钢束设计伸长量进行修正,修正后的设计伸长量 = 设计伸长量×设计弹性模量÷实测弹性模量。钢束伸长量从达到控制张拉应力的10%开始计,实测的伸长量不应超

过设计值的±6%,否则应暂停张拉,待查明原因并采取措施予以调整后方可继续张拉。张拉完成后严禁碰撞锚具和钢绞线。

③预应力筋张拉控制应力及张拉顺序应符合设计要求。

④每束预应力筋张拉程序为:0→初始应力(10% σ_{con},σ_{con} 为构件受拉区预应力钢筋张拉控制应力)→持荷2min→量测伸长量 S_1→1.0σ_{con}→持荷2min→锚固→量测伸长量 S_2→回油→量测伸长量 S_3。

预应力孔道压浆均采用真空灌浆工艺。

封锚时,应采取有效措施避免锚具被腐蚀和遭受机械损伤。锚具的保护层厚度不应小于50mm。

5.5.5.2 主拱、副拱拱肋及横撑、斜撑施工

1)钢管制作、加工、预组拼装

钢管由工厂提供时,应有出厂合格证。如果施工单位自行卷制钢管,使用的钢板要平直,不得使用翘曲、表面锈蚀或受冲击的钢板,应提供试验报告单。

卷制钢管前,应根据要求在板端开坡口。为适应钢管拼接后的轴线要求,钢管坡口端应与管轴严格垂直。卷板过程中,应注意保证管端平面与管轴线垂直。

为了保证钢管内混凝土与钢管内壁紧密粘接,钢管内不得有油渍等污物。

先用卷板机对已完成除锈工艺的钢板进行筒体成型,并采取切实可行的防止截面变形的措施,以便对吊杆锚固端进行准确定位。检验合格后的拱肋必须按照平面放样坐标表在工装台上进行预拼组合。

在工装台上组拼每段钢管拱肋后,必须对拱肋进行段间缝隙修正、焊接收缩修正、温度修正及拱脚预埋钢板安装误差修正。经质量验收合格后才可移出限位基线胎架平台。完成前一段拱肋组拼后,须再次复核平台线位,无误后才能开始下一段钢管拱肋的拼装。

焊缝的力学性能应满足以下要求:

①延伸率不低于21%。

②对接焊屈服强度不低于母材,但高出的数值不得大于母材实际强度的20%。

③冲击韧性:焊肉、熔合线、热影响区的冲击功为-20℃时,V形缺口冲击功不低于27J。

④冷弯:要求180°不裂。

完成组拼后,应对构件的几何尺寸、焊接质量、结构构造及吊装附件的设置等进

行全面检查验收。

2）钢管拱肋的吊装、就位、焊接

拱肋分节段吊装就位,其接头用法兰螺栓连接,进入多铰状态。待各项变位均控制在设计要求范围内后,方可焊接各接头对接坡口,顺序为由拱顶至拱脚、对称进行。

待结构体系从多铰状态进入无铰状态后,张拉其水平系杆束,使墩顶变位回归至零位置。

以后各施工阶段均以当前归零位置为基准状态,并复测拱肋各测点高程。

3）拱肋空腔内混凝土的灌注

混凝土采用C50早强缓凝自密实无收缩微膨胀混凝土,材料坍落度要求为18～22cm。混凝土的和易性、可泵送性应良好,配合比应满足钢管混凝土施工规范的要求。为确保混凝土质量,施工中应严格按事前通过试验确定的配合比,并按规定预留混凝土检验试块,以便事后检查。

拱肋空腔内混凝土的灌注采用泵送顶升灌注方法。进料管位置设在桥面以上1m左右,进料导管长度可根据施工需求自行决定,但是距离桥面不能超过1.5m,进料导管须用小角钢与拱肋连接牢固。混凝土出料管设于拱顶处。在拱肋中每隔一定间距设置出气孔。

拱肋混凝土采用由拱脚至拱顶对称顶升的灌注方式。

施工中,严格控制混凝土泵的泵送速度、泵管内压力及拱肋变位,拱顶上冒不得大于10mm,否则须进行压顶。在灌注过程中,以拱肋复位和墩顶复位来协调水平系杆张拉吨位,确保施工安全。

在混凝土强度达到设计强度80%时,应将混凝土浇筑导管和出料导管的外露部分切除,并且将从该处切割下来的圆板(应去掉周边受热应力影响的2～3mm范围)等强度焊回原处。

混凝土灌注完成后,检测其密实度。管内混凝土的填充密实度应大于99%。检测应以超声波检测为主,人工敲击为辅。超声波检测参考《超声波检测混凝土缺陷技术过程》(CEC21:2000)进行。对发现有异常的,进行钻孔复验,对不密实的部位应采用钻孔压浆法进行补强。当缺陷较小时,压环氧树脂;当缺陷较大时,可压高强度等级砂浆,压浆后将钻孔补焊牢固,并磨平顺光滑。

5.5.5.3 吊杆施工及施工控制

施工时要求对主桥结构进行"三控",即变位、应力、张拉力的控制,以便核查设计值与实际情况的吻合程度。

①施工前,在主桥周围建立观测控制网,以便对主桥拱肋和桥面系的变位进行初始定位测量以及吊杆施工过程的控制测量。变位的监控是整个体系转换的最关键控制。水平变位监控精度误差要求控制在±1mm以内,拱肋竖向变位监控精度误差要求控制在±1mm以内。

②吊杆均设置永久性压力传感器,以便准确、即时反映吊杆的张拉力。

③利用应变(应力)监控来校核拱肋、锚箱各控制部位的应力变化幅值是否在设计的合理范围内。

5.5.6 引桥上部结构施工

引桥现浇箱梁采用满堂支架现浇施工,施工注意事项与主桥主梁相同。

5.5.7 附属工程施工

桥梁护栏施工应在梁体支架拆除以后、桥跨处于自承重的状态下进行。应采用定型钢模板,以保证成型圆顺,不得随意改变桥梁护栏迎撞面的截面形状。护栏端头及与侧石相接处应设置过渡段。

桥梁护栏施工时,应预留伸缩缝槽口。浇筑混凝土前,应查阅排水、照明、交通、监控等相关图纸,按要求预埋有关构件。

伸缩缝装置应在上部主体结构施工(现浇或预制)前采购,以核查梁端伸缩缝槽口的尺寸是否满足设计要求;若不满足可及时调整,避免对结构进行后凿毛。

在厂家指导下安装伸缩缝,按实际温度调整其间隙。安装前,必须清除伸缩缝空隙处的所有杂物及垃圾,保证缝宽数值。

伸缩装置两侧预留槽混凝土强度满足设计要求前,不得开放交通。

5.6 桥梁施工监控

5.6.1 施工监控的必要性

从化大桥采用倒三角空间型钢管混凝土拱肋下承式拱桥设计方案,结构形式新颖,节点受力复杂。同时,大桥施工工序繁杂,施工中要经历混凝土箱梁浇筑、钢拱肋拼装、钢管内混凝土浇筑、吊杆张拉等多道工序,最后拆除支架、完成体系转换,且与地铁存在交叉施工影响,施工难度很大。

实际施工过程中,由于材料参数实际值与设计值的偏差、混凝土与钢管的脱粘脱空的影响、临时施工措施的边界模拟差异,都将导致实际结构的响应与理论计算存在偏差,因此,有必要通过全过程施工监控对累积性的偏差进行纠偏、调整,指导施工,使桥梁最终成桥时达到设计的受力状态,以保证桥梁结构的安全。

5.6.2 施工监控工作要求

监控方应通过建立从化大桥施工监控有限元分析模型,获得大桥在所有施工阶段和工序中的每一步的结构内力、变形等成果,以指导大桥施工,并在此基础上采用参数识别等技术调整监控模型,优化施工参数,使实际施工与设计更接近,确保从化大桥施工及结构的安全,并且达到设计、规范的要求。

监控过程中,应及时整理、分析监测数据,在规定时间内提交监测数据和分析结果。每一关键施工步骤前,须采用监控指令单的方式对一下阶段的施工内容进行确定。监控指令单经业主单位、监理单位、设计单位、施工单位各方负责人签字确认后,方可开始施工。

在每一个施工阶段结束或者若干控制工况结束后,就线形、应力和吊杆索力给出监控报告,并对下一阶段的施工给出意见和建议。当监测数据发生突变或超出预警值时,应及时向协调小组汇报并会同设计单位提出调整方案。

5.6.3 施工监控流程

桥梁施工监控的主要工作是根据设计单位提供的最终施工图纸,建立包含主要施工步骤的理论计算模型,且与设计单位进行相互校核。现场开展施工后,根据施工具体条件,结合施工方案、措施和步骤,调整和细化计算模型。通过理论分析确定桥梁施工的重点和难点,根据桥梁结构的特点,布置传感器,测量温度、应力、索力及线形数据,判断桥梁施工状况,与理论模型进行对比,对实际参数进行识别,不断优化计算模型,提出优化调整方案,为桥梁的下一个施工阶段提供依据和指导,保证施工过程中各构件的应力、应变保持在规范允许范围内,确保成桥后的结构内力和线形达到设计要求的理论状态。

第 5 章 桥梁设计

桥梁施工监控流程见图 5-14。

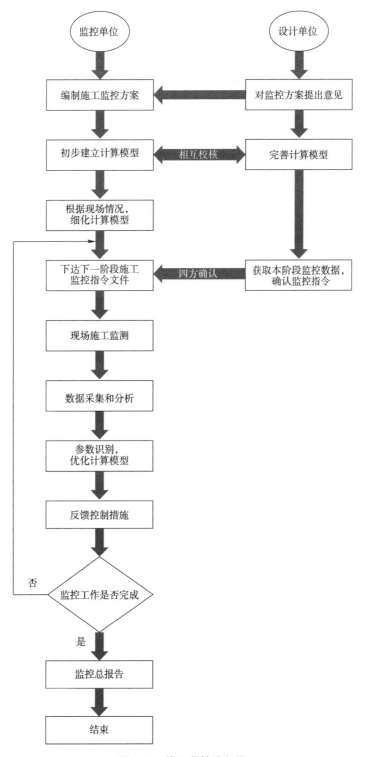

图 5-14 施工监控流程图

5.6.4 施工监控依据与控制目标

施工监控的主要依据有：

①《城市桥梁工程施工与质量验收规范》(CJJ 2—2008)。

②《城市桥梁检测技术标准》(DBJ/T 15-87—2011)。

③《城市轨道交通工程监测技术规范》(GB 50911—2013)。

根据《城市桥梁工程施工与质量验收规范》(CJJ 2—2008)，结合国内外同类桥梁的经验，确定本工程施工项目的控制精度，作为监控的目标，具体数值见表5-1。

从化大桥施工监控目标表　　　　　　　　　　表 5-1

序号	监控项目	允许偏差	序号	监控项目	允许偏差
1	主梁的轴线位置	10mm	5	钢管拱肋对称点相对高差	15mm
2	梁板顶面高程	±10mm	6	吊杆拉力	±10%
3	钢管混凝土拱肋轴线位移	30mm	7	吊点位置	10mm
4	钢管混凝土拱肋高程	30mm	8	吊点高程	±10mm

5.6.5 施工监控有限元计算模型建立和运用

施工监控有限元计算模型的建立分为两阶段：第一阶段，以设计图纸为基础，建立理想的包含关键施工阶段的有限元计算模型；第二阶段，在第一阶段的基础上，根据现场施工情况、施工条件、实际的环境温度，对理论模型进行修正和细化，根据传感器数据，调整模型的参数，进一步贴合实际情况，做到准确判断和指导施工。

第一阶段应在施工图图纸完成后、现场施工前进行，监控单位应根据施工图纸的内容，对桥梁进行建模计算。监控单位独立完成建模计算后，与设计单位的计算模型进行对比，相互校核。在这个过程中，双方应该统一计算采用的各种参数，核对模型中的所有荷载和作用，保证双方的施工阶段相同。对比双方模型各个阶段的数据，两者的计算误差应控制在2%以内。

第二阶段应在现场开展施工后进行，监控单位应派人驻场，及时与施工单位沟通，根据现场的施工情况更新和细化计算模型，并将相应的调整告知设计单位人员，且在关键步骤施工前应与设计单位进行校核和确认。在这个阶段，监控单位应向施工单位获取材料的试验数据，应将材料的试验数据作为理论模型的初始值，以便后续计算模型的参数识别。

在整个有限元模型运用过程中,均需要监控单位和设计单位对模型进行独立计算,相互校核,确保理论计算模型的准确性,且不断根据实际情况进行更新,不断与实际数据进行对比,确保理论计算模型的真实性。

5.6.6 施工监控测量位置

5.6.6.1 应力测量

施工监控中,对应力测量的要求见图 5-15。

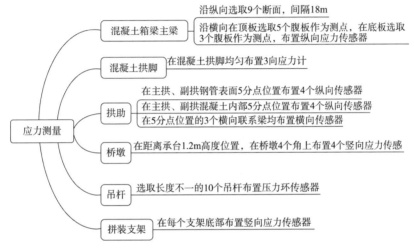

图 5-15 应力测量要求

5.6.6.2 位移测量

施工监控中,对位移测量的要求见图 5-16。

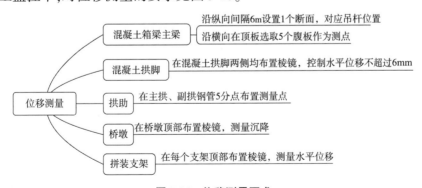

图 5-16 位移测量要求

5.6.6.3 索力测量

施工监控中,对索力测量的要求见图 5-17。

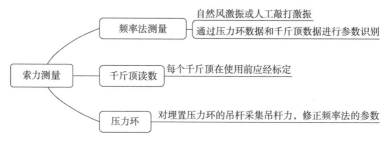

图 5-17 索力测量要求

5.6.6.4 环境温度场测量

施工监控中,对温度测量的要求见图 5-18。

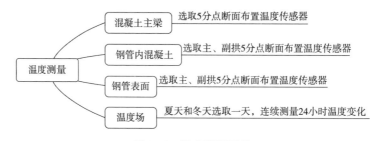

图 5-18 温度测量要求

5.6.6.5 监测点保护

监控单位根据施工进度,提前预埋传感器,测定传感器初值,并对传感器采取保护措施。监控单位应对从传感器位置到采集位置的线路进行设计优化,集中采集的位置不宜超过 4 个。采集点宜设置在桥面非通行处,以便大桥建成后开展后续的长期监控。

5.6.7 桥梁运营期间健康监测

桥梁运营期间健康监测是通过对桥梁结构状况的监控与评估,针对特殊气候、特殊交通条件或桥梁运营状况严重异常等情况发出预警信号,为桥梁的维护维修和管理决策提供依据与指导。

监控单位应保留主梁主副吊杆、主副拱、拱脚、桥墩的位移测量点,应力测量点应集中在桥面非通行位置,所有线路应标识清楚。

业主单位招标确认长期监控单位后,施工监控单位应与长期监控单位进行对接,移交施工完成后的成桥数据和传感器的初值。

第6章 景观工程

6.1 桥梁景观设计构思及原则

本项目是从化区的中轴线和景观大道,必须充分考虑结构物的景观效果,结构造型须新颖、美观,既体现文化底蕴,又具有时代的特征,建成后成为当地的标志性建筑。针对沿河景观带的定位及规划,确定合理的桥型方案,形成景中有桥、桥中有景的有机结合,力争建造文化的桥梁、科技的桥梁和现代的桥梁。

桥梁景观设计原则有:

1) 安全第一原则

桥梁建设的基本原则为:安全、耐久、适用、环保、经济、美观。桥梁景观方案应建立在结构安全和耐久性足够的基础上。

2) 桥梁景观与周边环境、建筑风格相适应原则

桥梁是一种大型的市政公用构筑物,建成后将成为城市环境的一部分,其品质应高于环境,应达到提升环境品质的作用,并与周边环境及建筑风格相适应。

3) 恰当的桥梁结构尺寸比例原则

桥梁景观应充分体现力学美,桥梁尺寸应与其承受、分担的荷载相适应。

4) 恰到好处的桥梁装饰原则

桥梁装饰应是精致的、附属的,能够对桥梁整体景观起到"画龙点睛"的作用。

5) 大方、得体的桥梁色彩及照明设计

桥梁色彩及景观照明设计应以简洁明快为主,桥梁各部位色彩及照明应和谐统一。

6) 精细化的细节处理

城市桥梁应区别于公路桥梁和铁路桥梁,更加注重细节的设计,应本着"以人为本"的原则,让人和桥亲近、互动。

6.2 景观工程设计

6.2.1 拱肋造型设计

本工程桥型设计提取了从化"山水城市"和"生态流溪"的元素,造型独特,拱肋结构新颖美观,犹如一轮新月升起在流溪河畔。全桥重量由3根圆管组成的主拱支撑,见图6-1,拱肋间的连接构件造型如腾飞的鸟翅,使技术与艺术完美结合。

图6-1 大桥拱肋

拱肋涂装颜色采用风格简洁、优雅的皓月白,使大桥与周边环境融为一体;可反射光,与大桥亮化完美配合,营造出"流溪映月"的意境。

6.2.2 拉索锚点造型设计

为了方便施工和后期维修更换吊索,吊索的锚固点分别设置于梁底和拱顶。为提升外观质量,在拱顶锚固点设置圆形防护罩进行保护,见图6-2,从外形上看犹如一颗颗成熟的、饱满的荔枝,体现了从化"荔枝之乡"的特色。

图6-2　拉索锚点图

6.2.3 桥墩造型设计

主桥桥墩与引桥桥墩均采用外形相近的板式墩。在桥墩横向,通过勾勒弧线凹槽,使得造型多变、不呆板,见图6-3、图6-4。

图6-3　主墩实景图　　**图6-4　引桥桥墩实景图**

6.2.4 栏杆造型设计

大桥栏杆造型设计将城市要素与大桥元素进行融合,提取从化的"从"字作为栏杆柱的造型载体,见图6-5,并充分结合主桥体的"皓月"造型,相互补充,增添细节,加强从化大桥整体设计感和独特性。栏杆顶端与护栏灯相结合,实现照明、景观的和谐统一。

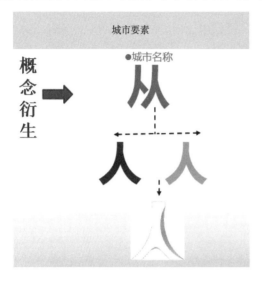

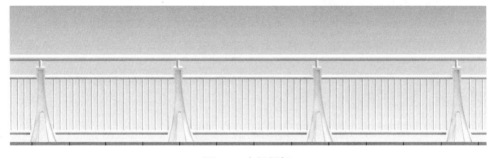

图6-5 大桥栏杆

6.2.5 大桥照明设计

6.2.5.1 设计理念

流溪河从北向南纵贯从化区,无私孕育着从化大地,是唯一一条全流域流经广州市的主要河流,是广州市重要的饮用水源保护地,被称为广州的母亲河。山清水秀、人杰地灵、群英荟萃的从化(图6-6),是岭南文化的发祥地之一。设计中,通过灯光设计来展示从化大桥桥梁建筑结构与形体美,体现"以人为本",尊重自然,追求灯光艺术与桥梁艺术设计的融合,打造出"魅力从化,光彩大桥"的地标式新景观、新名片。

第6章 景观工程

图6-6 山清水秀的从化景观

流溪河水映照着人们日出而作、日落而息的生活。灯光设计方案中，提取流溪河与天空在一天中不同时间的颜色(图6-7)，映射人们一天的生活，表达从化居民对于日夜陪伴在身边的母亲河的情感。

图6-7 流溪河与天空在一天之中的颜色变化

流溪河不仅陪伴着从化市民日出而作、日落而息，它还见证了这片土地岁岁年年的春夏秋冬：春天，它清澈地倒映着树上新抽的嫩芽；夏天，它欢快地映照着蔚蓝的天空；秋天，它温柔地拥抱火红的落叶；冬天，它静谧地等待着春暖花开。

灯光设计方案通过光色的变化，寓意流溪河一年四季景色的变化(图6-8)。

图6-8 流溪河一年四季景色的变化

跨于流溪河上的从化大桥,拱肋结构造型独特、新颖美观,犹如光舞银龙,跨流溪河畔,穿行于两岸间。从化大桥以"流溪映月"人文景观为主题。流溪河水承载着生命的重量,柔和的灯光犹如初升的月亮划破黑暗的天际,照亮万物,昭示着光明的延续。

灯光设计中,对流溪河进行艺术性的加工处理,提炼精华的部分进行艺术创作。把从流溪河景观提取出的"灵动的水"元素运用到铺装平面景观上,充分利用桥梁的人文景观来艺术性地展现流溪河景观。

6.2.5.2 景观照明设计方案

1) 景观照明灯具设置方案

①沿竖向桥拱设置72W窄角度RGBW(红、绿、蓝、白)小投光灯,总计296套。在桥拱正下方道路中间的位置设置288W窄角度RGBW投光灯,向上打亮桥拱,总计148套。

②在桥两侧护栏设置12W LED低空护栏灯,在人行道外侧设置6W LED低空护栏灯。在桥梁底部的桥墩两侧各设置一排54W线形投光灯。

景观照明灯具布置详见图6-9~图6-11。

③在桥拱左右两面设置LED网点屏,横向5颗/m,纵向6颗/m,可实现文字、动静态画面播放(图6-12)。

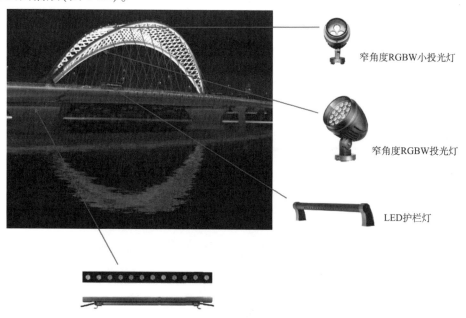

图6-9 景观照明方案示意图

第6章 景观工程

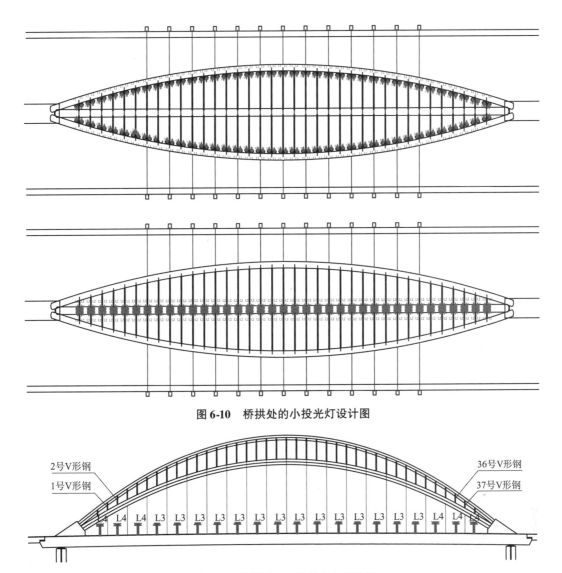

图6-10 桥拱处的小投光灯设计图

图6-11 桥拱正下方的投光灯设计图

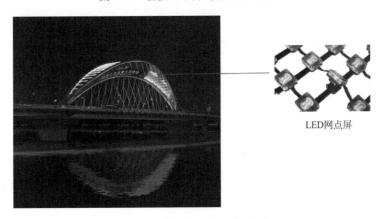

图6-12 景观照明方案示意图

2)景观照明系统控制方案

景观照明系统控制方案分为日常模式、假日模式、深夜模式。

①日常模式:通过 DMX512 照明智能控制系统,桥拱上的窄角度投光灯在不同时间段呈现不同的灯光效果,见图 6-13。

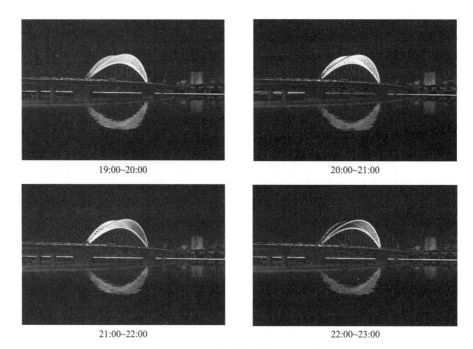

图 6-13　日常模式景观照明效果

②假日模式:通过 DMX512 照明智能控制系统,开启桥拱上的 LED 网点屏灯具播放视频,见图 6-14、图 6-15。

图 6-14　假日模式景观照明效果一

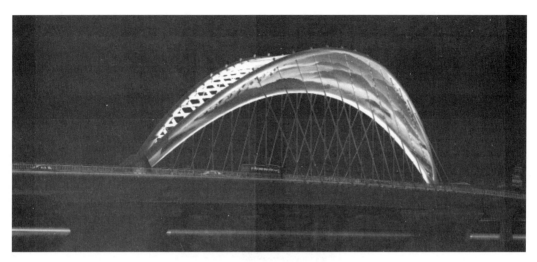

图 6-15 假日模式景观照明效果二

③深夜模式:通过 DMX512 照明智能控制系统,开启桥拱正下方的一排窄角度投光灯,呈现与大桥护栏灯具同色温的灯光效果,见图 6-16。

图 6-16 深夜模式景观照明效果

第7章 工程技术经济分析

7.1 工程投资控制

工程投资控制是项目建设管理的重要目标,在项目建设全程中起着十分重要的作用。工程设计单位的投资控制主要包含项目建议书、可研报告、初步设计概算、施工图预算以及工程变更等阶段。上述阶段需要设计单位投入专业、有经验、有责任心的工程造价技术人员,参与项目,全过程跟进。

7.2 方案(可研)估算控制

工程方案(可研)估算的投资控制主要体现在深入领会设计方案、参与工程设计及施工方案编制、调查主要工料机价格、收集从化区内大型跨江桥梁工程设计及概预算资料、对工程投资规模有准确的把握。

7.3 初步设计概算及施工图预算控制

本工程初步设计概算及施工图预算的编制依据主要有:
①建设部《市政公用工程设计文件编制深度规定》(建质〔2004〕16号)。
②建设和城乡建设部《关于印发〈市政工程设计概算编制办法〉的通知》(建标〔2011〕1号)。
③《市政工程工程量计算规范》(GB 50857—2013)。
④广东省住房和城乡建设厅《关于印发〈广东省建设工程计价依据〉的通知》(粤建市〔2010〕15号)。

初步设计概算材料单价的主要参考依据有:
①《关于2015年第一季度建设工程结算及有关问题的通知》(从建字〔2015〕号)。

②《广州市建设工程造价管理站关于 2015 年第一季度广州市建设工程结算及有关问题的通知》(穗建造价〔2015〕24 号)。

施工图预算材料单价主要执行《关于 2015 年第二季度建设工程结算及有关问题的通知》(从建字〔2015〕35 号)及《广州市建设工程造价管理站关于 2015 年第二季度广州市建设工程结算及有关问题的通知》(穗建造价〔2015〕46 号)。

根据《从化区城乡建设局关于从化大桥(即县道 X935 线改线)建设工程初步设计的复函》(穗建从化函〔2015〕2 号),工程总概算为 58198.95 万元,其中:工程费用为 23051.33 万元,工程建设其他费用为 33848.87 万元,预备费为 1298.75 万元。

根据建设项目投资评审结论(从财审〔2015〕583 号),本工程初步设计概算送审总造价为 58128.15 万元(其中,工程费用 23693.49 万元),审查后核定该工程总造价为 54897.60 万元(其中,工程费用 20775.45 万元),核减 3230.55 万元(其中,工程费用 2918.04 万元),审查后概算总造价相对送审概算总造价减少约 5.6%。

根据《广州市从化区财政投资评审处理意见通知书》(从财审〔2015〕584 号):本工程施工图设计预算送审金额(建筑安装工程费)为 22633.05 万元,审查后核定该预算金额为 20642.40 万元,核减 1990.65 万元,审查后预算金额相对送审预算造价减少约 8.8%。施工图预算控制在初步设计概算工程费用范围内。

7.4 本工程概、预算编制的重点及难点

7.4.1 造价与工程建设方案相统一

为了使概、预算更合理,项目建设业主提出了精细化设计要求。在设计文件中对设计线路、建设规模、使用工期等均做出了相应的规范和要求。

桥梁工程施工主要步骤及时间安排如下:

①施工准备和施工测量,计划工期约 1 个月。
②施工桩基、承台、桥台与桥墩,计划工期约 7 个月。
③桥梁上部结构施工,计划工期约 12 个月。
④桥面铺装、桥面排水及防撞护栏施工,计划工期约 2 个月。
⑤引道等附属工程施工,计划工期约 2 个月。

累计工期约 24 个月。

主桥水中基础采用钢套箱围堰施工,主桥主墩采用搭支架现浇的施工方式。主跨混凝土梁采用搭支架现浇的施工方式,钢拱肋采用分段吊装、现场焊接的施工方式。

引桥岸上部分搭支架现浇。桥梁基础均采用钻孔桩。跨河桥梁应抓住有利季节集中施工,确保工程质量和进度。

跨河桥梁施工建议避开河流的主汛期。围堰高度应高出施工期间可能出现的最高水位(包括浪高)$0.5 \sim 0.7$ m,并应满足堰身强度和稳定的要求。堰内平面尺寸应满足基础施工的需要。

桥梁的施工工期控制在 24 个月内。对于与本桥类似的结构,国内及广东省内均有大量成熟设备及施工队伍,所采用的施工工艺、施工方法亦为常规工艺及方法,可充分保证大桥的工期及质量安全。

工程造价人员应严格遵循工程设计数量、概预算定额编制规定,尽量做到造价与工程建设方案相统一。

7.4.2 桥梁工程与地铁 14 号线江街区间位置关系处理

地铁 14 号线江街区间过河隧道分左、右双线。左线隧道在从化大桥西侧通过,右线隧道从从化大桥两排桥桩基中间与桩基平行穿过。为避让地铁,将 Z6 号、Z7 号主桥基础与 Z1 号、Z12 号桥台基础的间距加大,并加大承台跨径和厚度。调整后,大桥桩基础与地铁结构外轮廓的最小净距为 2.0 m,主墩承台底面与地铁结构外轮廓顶面最小净距为 3 m。施工顺序为:桥桩基施工→地铁盾构隧道施工→桥承台、墩身等上部结构施工。

地铁施工、运营与邻近桥梁之间的相互作用是一个复杂的土与结构的动态相互作用问题。为确保地铁施工和运营期间桥梁与地铁的结构安全,建议对其进行监测,监测宜分施工期和运营期两阶段进行。

从化区住房和城乡建设局、中铁二局从化大桥项目部采用先进施工技术,开展技术攻关活动,成功克服了地铁 14 号线穿越从化大桥对桩基的影响。对本工程造价影响较大的为措施费用。最终,处理费用基本与预算金额相当,未发生变更费用。结果表明,本工程处理方案合理有效,对合理控制工程投资发挥了巨大的作用。

7.5 工程变更投资控制

本工程概算及预算编制较合理,未出现大型的施工变更。对于施工期间的设计变更,严格以合同为依据编制变更预算。与施工图预算、工程量清单进行仔细核对,坚决避免重算、漏算现象。

建立健全投资控制体系是投资可控的前提条件。广州市建设行政主管部门建立了一套完整的投资管理流程,使得项目在立项、方案、设计、施工、结算的各个环节都有法可依、有据可循。专业、高效的建设团队对项目建设的安全、质量、进度、投资控制目标的实现起到了十分关键作用。从化大桥项目在这方面的经验具有一定的推广价值。

第8章 施工期间技术服务

8.1 现场技术服务

从化大桥定位为当地的地标性建筑,景观要求高;主桥设计方案采用异形钢管混凝土拱梁组合桥,设计、施工难度大,且与地铁14号线共线同步建设,两者工序存在相互交叉影响,桥梁施工中须根据地铁建设进度合理安排和调整工序,必要时动态优化设计方案,进一步加大了桥梁设计施工的难度。为了保证大桥建设任务能安全、高效、如期完成,项目建设期间广州市政总院提供了以下优质现场技术服务:

①自从化大桥工程现场开工建设起,广州市政总院派遣项目的主设人员作为现场设计代表全程参与工程的建设,代表设计单位直接与业主、监理、施工单位交流和沟通,高质高效配合参建各方做好施工全过程的技术服务工作。

②开工前,向监理、施工和业主单位解释图纸和设计意图,并进行技术交底,贯彻执行的规程、规范、技术要求及上级批准的设计文件和施工图纸。

③设计代表驻场期间,仔细研读图纸,查漏补缺,及时完善设计;主动与施工方技术负责人探讨设计方案,了解施工难点,配合其编制重点专项施工方案,提供技术指导,帮助其领会图纸设计意图,从源头保证施工质量;积极参加建设、监理和施工单位组织召开的有关设计问题的各种业务会议,配合业主进行钢结构厂家考察、各种专项方案评审、质量把控等工作;联系项目设计团队提供相关技术支持;对需要设计修改变更的内容,现场进行核对并向设计单位汇报,以便其及时出具相关设计变更材料,保证施工质量和进度。

④主桥施工前,项目设计团队会同施工监控单位、施工单位一起多次细化调整设计施工方案。施工过程中,及时根据监测数据和监控目标,复核、调整计算模型,优化吊杆张拉方案,保证了桥梁建成后达到预期的合理成桥状态。

⑤施工中,项目设计负责人、总工程师多次下工地配合业主与质检方对现场重点施工部位进行检查、验收,严把施工质量关,对质量不达标部分及时给出整改意见。

⑥施工中,积极配合施工单位,按施工组织安排进行施工期间交通疏解动态设

第 8 章 施工期间技术服务

计,保证施工期间交通组织满足交警部门的执法要求,使建成后的交通设施满足项目建设的交通功能需求。

最终,在参建各方的共同努力下,从化大桥工程实现了从图纸到实物的完美转化,成为当地新晋"打卡网红桥",深受好评。

主桥施工照片见图 8-1。

a)场地平整

b)水中钢便桥施工

c)下放桩基钢筋笼

d)水中围堰承台施工

e)水中围堰主墩施工

图 8-1

f) 主桥主梁支架搭设

g) 主桥主梁支架预压

h) 主梁钢筋施工

i) 主梁混凝土浇筑

j) 工厂制作拱肋钢管

k) 成品拱肋钢管节段

l) 拱座施工

图 8-1

第 8 章 施工期间技术服务

m) 拱肋节段拼装

n) 拱肋合拢   o) 拱肋联结系施工

p) 吊杆安装   q) 吊杆张拉与索力测试

r) 主梁落架前   s) 主梁落架

图 8-1

t) 拱肋涂装

u) 拱肋景观照明安装

v) 主桥正面

w) 主桥侧面

x) 人行道栏杆正面

y) 人行道栏杆侧面

图 8-1　主桥施工实景

8.2 变更设计质量控制

8.2.1 变更原则

工程变更必须坚持高度负责的精神与严谨的科学态度,在确保工程质量和不降低设计标准的前提下,当对于降低工程造价、节约用地、加快施工进度、保护生态环境等方面有显著效益时,可考虑工程变更设计。

8.2.2 变更设计工作要求

变更设计工作有以下要求。

1)及时性

对于设计勘误类的变更,应及时完成变更并尽早通知现场监理、施工的技术负责人,避免施工单位仍然按原图纸施工。这是因为现场常常存在多工艺、多工种平行作业,各相关方分别持有相关图纸,在未得到变更设计文件之前(实际已经发出),认为原图纸依然是施工的正确依据。

2)迫切性

施工往往工期紧张、多专业平行作业,设计单位应抓紧调查现场情况、反馈处理意见,避免延误工期,防止随着施工进展产生技术难度更大的变更或使变更失去时效性。

3)正确性

在现场复杂、多变的环境中,许多信息要反复取证、求证,要核实现场数据的正确性和保证现场实施的正确性,保证施工按设计变更后的最终成果实施。

4)可行性

变更设计须考虑现场环境、机械、工期的可实施性,技术可靠性及经济合理性。

5)程序性

正式变更设计文件必须在全部完成并取得相关责任方的书面确认后,方可提交。

6)完整性

设计变更通知除了应列明文件名称、编号外,还应简述变更的缘由、提出方、是否经监理核实、协调会议的参与方、协调内容、变更部位、范围、变更内容,以便清晰反映变更事由的来龙去脉。此外,设计变更应作为设计文件的一部分,接受工程结算审计,避免追索、查找依据困难。

8.2.3 主要变更

本项目实施过程中,发生的主要变更有:

①受场地条件限制,施工图设计阶段部分桥梁桩基钻孔无施钻条件。为了确保桥梁工程安全,施工前对该部分未实施钻孔进行了补钻,并根据补充地质资料优化调整了对应桩基桩长。

②桥梁桩基按嵌岩桩设计,由于部分地质钻孔资料与实际地质情况有所出入,针对部分桩基,根据现场钻孔记录和设计终孔原则调整了终孔高程,以保证桩基承载力。

③根据主桥现场施工监控数据,经过与监控单位共同复算,经业主、监理、施工、设计四方协商同意,变更了吊杆张拉方案:对部分吊杆进行二次补张拉,以进一步优化拱肋应力状态。

④为缩短工期,保证本工程能按预定工期完成,经业主、监理、施工、设计四方协商同意,变更了引桥预应力张拉方案。

8.3 施工配合服务的经验总结

8.3.1 做好设计图纸答疑与现场技术支持

现场设计代表全程参与整个工程的建设,做好以下技术服务:

①参与设计图纸会审,贯彻工程勘察设计意图,解释工程勘察设计文件,做好开工前的技术交底工作。

②认真研读设计图纸,对设计图纸中存在的错、漏、衔接不上以及不够完善的地方,在施工前及时反馈给本单位相关负责人,完善设计,保证施工按正确的图纸进行,消除设计安全隐患。

③经常深入施工现场,随时掌握施工图实施情况,当发现施工不符合设计意图或有明显施工质量问题时,应向监理及施工单位提出,较大的问题应向业主单位反映。为施工单位整改提供技术指导,帮助其领会图纸设计意图。

④积极参加建设、监理和施工单位召开的有关设计问题的各种业务会议,配合业主进行钢结构厂家考察、各种专项方案评审、质量把控等工作,提供相关技术支持。

⑤参加隐蔽工程验收、主体结构的中间检查、阶段性验收、运行情况检查和工程竣工验收,对不合格部分提出处理意见。

8.3.2 处理好设计变更

对施工中发现的设计条件与现场实际不符的地方,做好记录,及时反馈给本单位,并配合相关人员进行设计调整,协助其研究、提出变更处理方案。

对业主或施工方提出的修改设计,设计代表应深入调查,权衡利弊,请示设计单位同意后方可进行修改设计。

8.3.3 代表设计单位处理施工现场各方关系

现场设计代表负责直接与业主、监理、施工单位交流和沟通,因此在一定程度上代表着设计单位的形象。现场代表应在工作中不卑不亢,真诚待人,讲究工作方法,提高工作效率,妥善处理好与参建各方的关系,维护设计单位的声誉,协助参建各方一起推动工程建设的顺利进行。

第9章 工程设计协调与质量管理

9.1 工程设计协调

9.1.1 工程设计协调原则

1) 全过程的服务

针对本工程专业面广、同时采用两套技术标准、技术创新多、结构复杂的特点,广州市政总院实行全过程服务,从方案比选、初步设计开始,直至施工图设计和设计后期工作(包括技术交底、施工配合、设计变更、工程竣工验收、参加试车、设计回访及总结等)全程负责。

2) 组织落实

根据工程特点和技术要求,广州市政总院主管领导总抓,生产院总体负责实施和协调,总工程师严格技术、质量审核和把关。根据项目的进度要求,确保所有技术人员,特别是所提供的主要技术人员(即项目总负责人、设计负责人、专业负责人、审核、审定人员)到位。同时,成立专门的设计项目组,集合各专业最优秀设计人员,全身心投入设计工作,并确保设计队伍的稳定性和连续性。根据专业向参建各方详细交代设计意图、设计内容,提出施工质量要求、注意事项,认真听取建设单位、施工单位对设计的具体意见,并予以细致分析、耐心解释或明确答复。

通过编制和执行《设计过程控制程序》,确保产品从设计策划至交付后服务全过程的质量得到控制,以满足规定的要求。

3) 有效的现场配合

根据工程所需,指派设计代表常驻现场,随时向参建各方解释设计图纸,处理施工过程中与设计有关的技术问题,并做好建设单位和施工单位的参谋,保障工程质量,确保工程顺利进行。

为了保障工程建设正常进行,勘察设计单位意识到协助甲方管理对工程建设的重要性,自觉树立主观协调能动理念,这是开展项目管理、保障工程建设安全推进且不返工不重修的关键要素。

做好图纸交底和会审工作。参建各方须全面了解设计文件和施工方案,这样才能在工作当中对出现的各种问题、各种难点做到心中有数,利于对症下药,从而有效跟进工程。图纸交底可提前消除隐患,减少图纸中出现的差错,添补图纸中的遗漏部分,避免返工所造成的浪费。

勘察设计人员在管理过程中应有针对性,切忌随意指挥、盲目协调,应根据现场情况进行客观分析,变通应对。一方面,盲目拒绝修改变更设计会使问题更加严重,激化矛盾;另一方面,随意修改变更设计可能会弄巧成拙,造成工程投资加大,留下安全隐患。

为保证工程能够如期、高效完成,有必要为工程建设创造和谐、安全的施工环境,为参建各方的工作人员营造和谐、安全的工作氛围。工程建设涉及面广,参建单位多,建设时间长,为了减少外界干扰,应该重视施工现场协调,保障工程建设顺畅、工程质量达标、施工进度正常。

工程实施过程中,由主管领导带队,项目负责人、各专业负责人赴现场进行设计回访,督促设计代表,现场解决疑难重大技术问题;与建设单位、监理单位、施工单位座谈,征求对设计工作的意见,以指导后续服务,提高勘察与设计质量。

广州市政总院后期服务人员在工程实践中,及时为建设单位和施工单位解决道路、桥梁、给排水、交通组织、绿化景观等专业遇到的困难,均得到了有关单位的一致好评。

9.1.2 与各相关单位的协调措施

9.1.2.1 与建设单位的协调

了解建设单位在各阶段对设计的要求,在施工配合阶段的现场变化、制约因素和处理方案。

协调接口以项目负责人、设计代表为主。参加各类协调会以专业负责人为主,会前做好资料、设计提案的准备工作。重要技术研讨、决策应通知项目主管总工参加。

与建设单位的协调须做好如下两点。

1)弄清业主的需求

设计方应首先了解清楚业主意图,尽量满足业主的需要。本项目业主最关心的是造价控制、进度要求。如果涉及安全风险、大量增加投资或者违反有关规范的强制性条文等,应明确告知业主,取得业主的理解或者是书面意见。广州市政总院在项目推进及配合过程中,理解业主需求,遇到分歧及问题时及时加以解决,保证了工程的顺利实施。

2)加强沟通

设计方应积极主动与业主沟通,不能简单地认为只要埋头把图画好就可以。与业主的有效沟通,可以避免走弯路,避免浪费。

9.1.2.2 与政府主管部门及其他公共设施管理运行单位的协调

本工程规模大,涉及专业多。影响本工程的行业管理部门有规划、交通、给排水、照明、电力、电信、水利、园林、环保等,还有当地市级、区级政府。在工程设计的各个阶段,特别是前期阶段,与这些部门保持密切联系与沟通,做好协调工作,有利于项目的总体部署、实施计划、建设标准、投资控制、报批评审等工作,为项目的顺利实施创造条件,避免项目进入招标实施阶段后,各相关部门提出对工程方案的修改意见,造成工程设计方案的调整,从而对本工程的工期、投资等方面造成影响。

在设计过程中,广州市政总院积极主动地与政府主管部门进行联系,沟通设计方案;如果碰到须多部门协商的情况,则在建设单位的主持下举行协调会议,解决设计中的关键问题,做到事前会审、过程控制,确保设计文件的质量与进度。

9.1.2.3 与施工单位、监理单位的协调

与施工单位、监理单位的协调工作包含以下内容:施工过程中的技术释疑、交底、图纸会审,设计方案的调整,对设计效果产生影响的施工工艺的更改,重大施工方案的评审,质量验收标准的确定。

施工前,明确施工过程中提交现场情况资料的深度要求,以及须经监理验证其准确性的要求。施工中的设计调整,均按院内质量管理程序操作。除现场设计代表外,设计人员在关键施工工序时,应到场配合施工。项目负责人、设计代表、专业负责人应与参建单位保持密切联系,了解建设单位对工程进展情况的意见。

9.1.2.4 内部各专业设计间的协调

工程设计是由各专业的设计经有机组合、互相渗透而形成的一个整体。设计图纸是工程项目参与各方明确自身职责、开展本职工作的重要依据。施工图图纸设计质量在很大程度上决定着项目所能达到的高度。当前,设计行业常出现因部门间、专业间协调不够、相互推诿而导致的设计失误或不足,不仅对设计工作造成影响,还容易留下安全隐患。

广州市政总院重视图纸设计过程中各专业之间的协调,采用定期召开内部设计沟通会、设计图纸会签等手段,实现了各专业设计的协调统一和完美结合。

9.2 工程质量控制

9.2.1 设计质量保证计划

本工程全面推行"三控制"工作方案。"三控制"（投资目标控制、质量目标控制、进度目标控制）的服务质量管理思路，为使设计工作能达到既定目标提供有效的组织管理保障。

9.2.1.1 投资控制计划

认真调查、分析技术经济指标，大力提倡优化设计。在设计前期加强同业主技术人员的技术交流，利用广州市政总院所掌握的先进的道路、桥梁、给排水、景观设计技术，确定设计目标，加强设计过程中的投资控制，实行限额设计。在已确定准确可靠的经济指标的基础上，由专家组对设计方案进行优化，使最终的设计方案经济合理、技术可行，取得最佳经济效益。

勘测资料的完整、准确直接影响设计质量的优劣，对投资控制具有重大影响。在勘测过程中，广州市政总院加强技术力量配备，严抓技术指导及审查工作，密切配合勘察工作的进行。

工程各阶段设计文件的编制达到国家规定的深度要求，深化技术论证，合理使用建设资金，使投资估算对工程总造价起到实际控制作用。精心设计，周密安排，使环境保护和安全生产符合国家有关规定。

加强设计变更管理工作，严格执行质量管理体系标准的设计更改流程。

9.2.1.2 质量控制计划

勘察设计质量是施工管理的重点，关乎工程建设项目的使用年限及安全，必须谨慎对待。根据本项目特点和重点、难点技术问题，广州市政总院有针对性地加强设计阶段的过程控制：

①在项目实施的各个阶段，均编制设计大纲，阐述项目概况、业主要求，明确设计依据，提出各专业的设计原则和设计控制进度，报各级总工程师审批。

②根据批准的设计大纲开展具体的设计作业，在设计作业中实行全过程的质量控制，在设计接口、设计输入、设计输出、设计评审、设计验证、设计确认和设计变更等

方面均按照质量管理体系标准的要求执行。

③对关键工序设计单独的过程控制流程,以确保质量体系的有效性。

④对于在设计过程中出现的质量问题,通过设计校审和验证,及时予以解决;对于在设计交付以后发现的质量问题,及时返工或更改,并采取相应的纠正和预防措施,对各项措施的实施效果进行验证。

⑤对从事与设计质量有关工作的人员进行必要的培训,使各级设计人员明确职责,具备相应资质和技能,保证设计质量得到有效的控制。

9.2.1.3 进度控制计划

按照项目对各设计单元进行编号,由有关专业设计组对各设计单元图纸的工作量和所需的辅助工作量进行估算。

项目组对项目重大问题进行统一组织、协调。根据进度要求及工作量,安排设计工作中各专业的工作顺序、各个设计专业的进度计划,编制设计周期图,保证按时提供图纸。

在项目负责人的领导和监督下,实施进度和质量计划,并对设计工作实行全面技术经济责任制,任务、工期和责任都落实到人;定期编制设计进度情况的报告,并按规定印发给有关单位和部门,供业主和有关方面了解设计进展状况。定期监测设计进度,将设计完成值与计划值相比较,分析产生的偏差值,找出原因,提出进度修订计划,使进度始终在计划的控制之内。

工程设计严格执行校审制度,保证设计质量。校审程序共四级,即自校、校核、审核、审定。在质量保证体系作业文件中,各级校审人员的职责均有详细规定,并且具有明确的操作流程。

采用各种方式与业主保持即时沟通联系,确保设计按计划顺利实施,结合外业勘测进行现场设计。

加强配合施工,做好设计后期服务。设计文件完成后,及时在原设计人员中抽调人员成立配合施工服务小组,保证专业齐备、人员得力、队伍稳定、服务到位,做好设计回访工作。

9.2.2 设计服务举措

9.2.2.1 控制项目投资的基本原则

控制项目投资的关键在于设计。广州市政总院从组织、技术、经济等多方面采取措施。建立一支由项目总工程师带领的精干高效的设计队伍,明确各专业人员的职能分工,强化各专业技术人员控制投资的意识,以确保设计质量和工期。重视初步设计阶段方案的选择,深入研究技术领域节约投资的可能性,在符合"安全、可靠、经济、适用"原则和"估算不超概算、概算不超预算、预算不超决算"原则的前提下,采用新技术以降低工程投资;严格执行设计标准、设计规范,最终用技术和经济相结合的手段,在设计的各个阶段,通过各专业设计人员的密切协作,达到技术先进条件下的经济合理、在经济合理基础上的技术先进,实现投资控制和限额设计的目的。

9.2.2.2 控制工程规模的举措

1)实行项目的限额设计

以项目可行性研究报告所批复的建设规模、建设内容、建设标准为依据,在投资估算限额范围内进行工程设计,以提高投资的经济效益。

2)优化设计方案

初步设计方案完成后,组织专家利用价值工程原理进行设计优化,从安全、功能、标准和经济等方面全面权衡,确定一个较合理的设计方案,使最终设计方案既科学又经济。

3)严密编制概预算

设计阶段概算及施工图预算要求全面准确,力求不漏项、不留口,并要考虑各种价格浮动因素。加强设计阶段的概预算审核,确保设计阶段概算和施工图预算科学准确。

9.2.2.3 减少设计变更的举措

要对工程投资进行控制,减少设计方案的调整是重要的一环。精心设计是减少设计调整的关键措施之一,而设计输入是精心设计的前提。因此,前期的地质、管线等资料的收集调查,与相关管理部门的沟通协商,勘测质量的把控等,直接影响后续的设计变更。只有做到前期充分调研,掌握第一手的详细准确的设计资料,才能更大限度地避免或减少设计变更。

内部质量管理又是精心设计的关键。针对本设计项目,广州市政总院制定了切实可行的质量控制流程。项目开始时,广州市政总院总工程师对参加项目的全体人员进行指导,共同讨论项目的相关技术问题,明确设计目标,确定各专业需要完成的设计任务。然后,设计人员在广州市政总院总工程师和设计负责人的领导下进行设计,提出初步设计成果,经项目负责人汇总,报广州市政总院副总工程师、总工程师。最后,经资深咨询专家优化、业主认可后,得到最终设计成果。此外,在项目的各阶段,广州市政总院技术质量部会同总工程师进行中间检查和指导。

主动为业主就本项目中对外联系、协调策划等方面的工作做好咨询服务。根据时间进度计划,确定调研、资料收集、编制原则、各工种专业交接、编制出版等各节点的时间目标,分阶段向业主汇报,在业主的统一协调下加强合作,共同研究解决工程勘察设计及施工配合中出现的各种问题,保证勘察按时、高质量完成。

对提交的成果资料无偿提供跟踪服务,直至工程结束。为施工单位提供技术咨询服务,安排工程勘察、设计研讨会,系统、全面地介绍工程勘察、设计情况,帮助施工单位解决施工中出现的各种勘察设计问题,保障施工的安全与质量。参加相关施工交底会议,为施工单位积极提供技术支持。按规定参与各类验收等工作。

外业勘察、测量工作涉及市政、交通、绿化等各方面,配合建设单位做好关系协调工作。在地下管网探测方面,与电信、供电、煤气、自来水等部门密切配合,并做好管线探测工作,保证管线的安全。

认真听取建设单位、施工单位、监理单位对勘察设计的具体意见,经研究确实须优化改进的,及时、认真地改进及完善;对于必须坚持的,予以细致分析,耐心解释或明确答复。

9.2.3 勘察质量管理

9.2.3.1 工程测量质量管理

高质量、高精度的测绘成果是广州市政总院对本项目生产工作的主要追求目标。项目实施过程中,建立项目责任制,并按照"二级检查、一级验收"制度严把质量关。一级检查为过程检查,在作业组、现场监控人员全面自检、互检的基础上,由测绘中心的检查员进行;二级检查由院级检查人员在一级检查的基础上进行。检查验收工作在二级检查合格后由业主单位组织实施。相关检查工作严格按规范要求实施。

9.2.3.2 物探(管线探测)质量管理

地下管线探测投入的仪器设备均经过校验或者比对,且在合格期内。对于各种不同的管线,均采用了较为先进且有效的探测技术手段。开展现场探测之前,选取有代表性的管线做了试验,取得了合理的探测参数。测量时,误差控制在管线精度要求的范围内。另外,广州市政总院质量检查人员采取不定期跟踪作业的方式,对各作业组各项作业进行全面细致的检查,避免将问题带入成果,保证成果资料的可靠性。通过以上措施,保证了管线探测的结果真实可靠。

9.2.3.3 岩土工程勘察质量管理

岩土工程勘察过程中,广州市政总院严格执行三体系❶要求,加强作业过程管理,保障岩土工程勘察质量的同时,严格按照规范要求布置勘察工作量,根据各工程类型和岩土复杂程度确定钻孔位置与分布。严格现场监控,做到了每个钻孔从定位、孔口高程、钻探过程质量抽查到终孔时各项记录的检查验收,所获勘察资料系统、完整,原位测试、取样以及室内测试数据等均符合规范和技术标准的要求。

9.2.3.4 勘察质量管理总结

本项目执行全面质量管理,贯彻"预防为主、防检结合"的质量管理理念,重视质量管理工作力度,落实"事前重于事中、事中重于事后"的原则,把质量管理工作落实在预防控制和生产一线。本项目质量管理工作关键点设置在事前预防控制、事中过程控制和事后服务控制环节,并根据各环节特点制定相应的管理办法。

1)事前预防控制(质量策划)

依托广州市政总院多年来形成的良好企业质量文化氛围,在现行质量管理体系运行良好的基础上,根据本项目特点,制定本项目质量管理配套措施:

①质量培训制度:巩固提高作业人员的质量意识,召开质量管理专题会议,落实各项质量计划和具体技术要求,让作业员了解各自的职责范畴并掌握具体的质量要求和技术指标。

②质量交底制度:在作业前及生产过程中,各部门质量负责人对工程所涉及的质量检查标准、质量要求、关键工序控制等向作业员进行交底并保存记录。

③质量检查制度:质检部在项目负责人的领导之下,负责对项目生产过程质量进行全程严格控制,坚持实行"过程监控、成果二检"制度。

④质量信息管理:建立质量管理信息台账,记录每项质量问题产生的原因、影响

---

❶ "三体系"指《质量管理体系》(GB/T 19001)、《环境管理体系》(GB/T 24001)、《职业健康安全管理体系》(GB/T 28001)。本项目实施过程中,以当时的最新版本为准。

范围、整改措施、经验教训、主要责任人等信息。

⑤质量事故责任追究制度:当出现不合格工序时,做到"三个不放过",即原因未查清不放过、责任未明确不放过、措施未落实不放过,并采取必要的措施,总结相关经验,防止同类问题再发生。

为确保本项目质量总体目标(成果合格率100%,优良率80%,无重大客户投诉事件)的实现,将质量管理的重点和关键环节设置在质量策划环节,全面、细致、有计划、系统地对质量管理进行策划,制定相应的管理措施并严格执行,是本项目全面质量管理的核心思想。质量策划应将质量目标分解为项目管理执行有力顺畅、技术攻坚及时有效、生产作业细致准确、质量检查如实有效,并指定各环节主要责任人,将具体质量要求和技术指标落实到每个作业员。在进场作业前,编制工作大纲,明确各质量环节间的过程、资源、接口、配合和数据标准,作业员、检查员等所有人员应严格执行大纲要求。

2)事中过程控制(质量控制)

生产过程是质量形成的重要阶段,要发挥工序控制的作用,同时重视过程监控制度,推行生产质量一次合格制度。建立生产过程上下工序间的交接和确认制度,发挥生产过程独立监控职能,并对成果实行"二级检查、一级验收"制度。

①勘察大纲:作业前编制工作大纲,经产品要求评审后送业主审批。作业期间,严格按照执行大纲,不得随意调整。

②外业钻探工作:勘察质量很大程度上取决于现场第一手资料的准确获得,因此外业钻探工作过程要求严格控制质量,钻探定位准确,钻进符合规定,记录及时,取(送)样和原位测试规范,钻探完成后核对孔深,确认符合要求后方可终孔。

③室内试验工作:试验前核对仪器检验记录,禁止未通过年检的仪器进入试验过程;试验工作严格执行试验要求和送样单要求;试验完成后进行检查校核。

④内业成果:内业成果按照三级校审进行控制,项目负责及各级校审分别对勘察成果承担相应质量责任。

3)事后服务控制(质量跟踪)

建立专门的质量检查机构,负责日常的质量管理工作。建立质量信息台账,分析各种质量问题产生的原因并提出改进办法,对质量难题进行技术攻关。

当发生质量事故时,全面介入质量问题处理工作,系统核查原测成果,找出问题的真正原因;同时,组织有关技术力量对现场进行复核抽查,调查、分析质量事故对各

第9章 工程设计协调与质量管理

方造成的影响,积极与有关单位进行协商,尽量将问题造成的影响和损失降至最低。事故处理完毕,应及时组织相关人员进行技术分析,找出预防质量事故再次发生的办法和措施,并严格执行。同时,主动与受质量事故影响的单位进行必要的沟通、解释,争取信任与支持。质量跟踪服务到位是各项质量活动的有效保障,是本项目成功的保证。

第10章　主要研究课题与创新成果

10.1　概　　述

作为从化区新地标的景观跨江大桥,从化大桥是重要的基础设施,也是重大的民生工程。本项目具有以下特点及设计难点:

1)山水城市,景观要求高

从化区素有"广州后花园"和"中国温泉之都"之美誉,以山水旅游为标志性特色。大桥位于中心城区新中轴,沿流溪河地带,景观要求高。

2)涉及水源保护区,环保严格

流溪河为水源保护区。位于水源保护区范围的跨江河桥梁桥面雨水不可直接排入江河,设计时须采取严格的环保措施,确保水源保护区不受影响。

3)异形空间拱梁组合体系结构受力复杂,设计施工难度大

从化大桥主桥为下承式空间拱梁组合体系桥。该桥造型新颖,结构特殊,主梁为单箱多室鱼腹形预应力混凝土箱梁,主拱由3根钢管混凝土拱肋组成倒三角形空间组合结构。该桥具有明显的空间受力特性,构造和受力均较为复杂。设计和施工的难度较大。

4)与地铁线位重合,基础设计、施工难度大

大桥与新建地铁隧道毗邻,由于地铁隧道施工将不可避免地扰动周围地层,引起地层变形和沉降,地层的变形和沉降又会导致一定范围内桥桩基础发生变形和沉降,使其承受附加应力。因此,科学分析地铁隧道施工对桩基的影响,采取合理有效的针对性设计措施,对于确保从化大桥的施工与运营安全十分重要。

针对上述问题,本工程通过设计和科研的紧密结合,对一系列关键技术进行深入研究,并使研究成果直接应用于大桥的设计和施工中,确保了大桥设计和施工的顺利进行,并达到了较高的设计水平。概括来讲,开展的研究可归类为以下4个课题:

①空间钢桁拱结构形式研究。

②拱梁节点连接构造研究。

③吊杆与拱肋、主梁的节点连接构造研究。

④与地铁隧道共线特殊条件下的结构设计研究。

10.2 课题一:空间钢桁拱结构形式研究

10.2.1 研究背景

从化大桥桥位所处河道较窄,河面宽度仅有约200 m,堤岸两侧为住宅区,且北岸现有数栋百米高的住宅建筑。若建造具有高耸伟岸桥塔的斜拉桥和悬索桥,势必会显得空间密度太大,与周围的建筑和自然景观产生不协调的效果。拱桥作为一种古老的桥型,其线形优美,跨越能力较强,通过对拱肋、主梁以及吊杆布置的异化,可以使结构整体在造型方面具有独特的美学效果,满足桥梁建设领域日益受重视的美学要求,特别适合城市桥梁建设对于桥梁造型的要求。异化拱桥通过合理设计,基本上能达到"一桥一景"的美观效果。

结合桥位处地形地貌与人文自然环境条件、景观需求、结构需求,从结构体系、构件设计、施工方案等方面进行研究,力求将从化大桥设计成为一座造型新颖、安全、经济、适用的独具特色的城市异型拱桥。

10.2.2 结构体系研究

城市地形往往相对平坦,地质条件一般较差。因此,城市拱桥多采用下承式无推力拱结构,通过设置系杆(梁)来平衡拱的水平推力。

城市桥梁一般宽度较大,目前常采用整体性能更优的拱梁组合体系:拱和梁共同受力,由梁承担拱的水平推力,对下部结构无水平推力作用。

拱梁组合体系桥按外部是否存在冗余约束,可分为简支拱梁组合桥、悬臂拱梁组合桥、连续拱梁组合桥三种结构类型:

①简支拱梁组合桥:单跨、简支、下承式的拱式组合桥,是外部静定的结构,无外部冗余约束,特别适用于软土地基等地质条件较差的地区。

②悬臂拱梁组合桥:只适用于上承式,一般为两悬臂边跨加中间挂孔,是外部静定的结构。

③连续拱梁组合桥:根据桥面在上部结构立面中的位置,可分为上承式、中承式、

下承式三种,具有连续梁结构的受力特点,外部无水平冗余约束,但存在竖向冗余约束,对竖向变位敏感。

从化大桥与地铁 14 号线共线且同步建设,其中左线隧道在从化大桥西侧通过,右线隧道中心线与从化大桥中心线重合,大桥桩基布置受限于地铁隧道线位,且两个项目工期重叠,两者施工存在相互影响,形成复杂的施工工况,影响到桥梁和地铁的安全。地铁施工与运营过程将对大桥结构基础变位产生不可避免的影响。因此,宜将主桥设计为外部静定的无推力结构,降低结构对基础变位的敏感性,故选择简支拱梁组合体系。

10.2.3 拱肋研究

由于主桥桥宽达到近 40m,为使桥梁纵横向比例协调,主桥横纵比例选 1/4 左右。综合考虑桥址条件和结构受力,最终确定主拱拱肋中心线理论跨径为 136m。为适应近 40m 的桥宽,主拱宜采用多拱肋体系。

对于多拱肋拱桥,拱肋横向稳定问题突出。一般情况下,需要在拱肋之间设置横向风撑,将多片拱肋连接成整体,以保证其横向稳定。然而,对于跨度不大的拱桥,横撑的设置往往会使结构变得规矩而缺乏韵律,影响结构的造型设计;若不设横撑,为保证拱肋的横向稳定,势必增加材料投入而使工程造价升高,且结构由于整体稳定性较差而对地基振动与沉降作用更加敏感。

综合考虑与充分论证后,发现倒三角形三拱肋体系不仅能很好适应桥面较宽的情况,且三角形三拱肋体系稳定性良好,拱肋之间的连接构件尺寸可设计得更小,造型设计更加灵活。通过合理的尺寸设计,不仅能确保结构的合理受力及整体稳定性,还能塑造出优美的结构造型。

主拱由 3 根钢管通过横撑、斜撑组合成倒三角形,造型独特,拱肋结构新颖美观,呈现"新月临江"的建筑美学创意。为使主拱结构符合这一优雅的美学创意,主拱结构尺寸不宜过大,结构整体应相对轻盈,但同时应保证主拱有较高的承载能力。经综合分析,主拱采用承载力高、稳定性强的钢管混凝土拱桥。3 根拱管线形均为二次抛物线,主拱外径为 1.8m,位于竖直平面内,主拱拱肋中心线理论跨径为 136m。为保证主拱合理受力,主拱矢跨比宜在 1/5.0～1/5.5 范围内取值,最终确定的理论矢高为 26.2m,矢跨比为 1/5.2。为体现拱肋之间的层次感,使结构整体更加灵动,两根外拱肋直径比主拱肋略小,取外径 1.5m 的拱管,由竖直平面向两侧旋转 16.8°而成,形成外拱肋烘托主拱肋、主拱肋支撑外拱肋的艺术造型,因此外拱肋也被称为副拱肋。

为保证副拱肋受力合理,副拱肋的矢跨比宜在1/4.0~1/4.5。因此,副拱肋中心线理论跨径取136m,理论矢高取31.7m,理论矢跨比为1/4.1。

为了确保3根拱肋之间的有效连接,充分发挥3拱肋所形成的三角造型的空间稳定性,3根拱管之间每隔3m设置1根横撑和2根斜撑,将主、副拱管连接起来,形成稳定的空间三角形,见图10-1。该构造避免了无风撑多拱肋异型拱以牺牲材料为代价来保证稳定而导致经济性较差的问题,解决了普通多拱肋拱桥风撑较薄弱、易破坏的问题。连接构件选取尺寸为0.6m×0.5m的矩形构件,作为次要构件,充分烘托拱肋造型。最终,整个主拱造型轻巧灵动,匀称协调,充满生气。

图10-1 主拱造型图

10.2.4 主梁研究

主梁是直接承载车辆、行人荷载的构件,要承受各荷载作用引起的弯矩;同时,它还是平衡拱脚水平力的系杆,需要承受巨大的水平力。此外,作为整个桥梁的关键组成构件,其造型优美与否直接影响整个桥梁的造型美感。为了与主拱的曲线美相呼应,主梁选用同样具有曲线美的鱼腹箱形梁。这种形式的箱梁不仅线条流畅优美,还具备箱梁刚度大,能有效抵抗正、负弯矩的优点。

主桥主梁采用等截面,见图10-2,吊杆处箱梁顶板宽40m,无吊杆处箱梁顶板宽37.8m,厚0.28m,横向设置双向2.0%的横坡,中心梁高3.9m。箱梁底板平直段宽17.432m,底板与边腹板由1条圆弧线连成一体,圆弧半径为20.0m,底板厚0.22m。中腹板为系杆布置区及拱肋锚固区,故中腹板厚度取0.9m,边腹板厚度取0.6m。对应吊杆位置每隔6m设置1道横隔梁,横隔梁厚0.2m。该横隔梁之间每3m加设1道厚度为0.16m的小横隔梁。主梁两端部设计为下牛腿,作为引桥边跨的支承端。

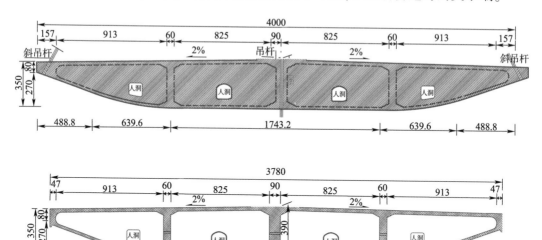

图 10-2 主梁标准断面(尺寸单位:cm)

主梁标准断面宽跨比为1:3.6,高宽比为1:9.7,高跨比为1:34.9。就桥梁整体而言,主梁与主拱比例协调。

由于主梁宽度较宽,箱梁按纵、横双向预应力设计。主梁预应力采用上下对称配置,兼起到系杆的作用。

纵向预应力采用规格为 22 Φ^s15.2 的预应力钢绞线。

桥面板横向预应力设计为:每间隔0.5m配置1根钢束,靠近吊杆两侧为 5 Φ^s15.2 钢束,远离吊杆处配置 4 Φ^s15.2 钢束。

横隔梁横向预应力设计为:有斜吊杆段配置 2 根 4 Φ^s15.2 和 4 根 5 Φ^s15.2 钢束,无斜吊杆段配置 2 根 5 Φ^s15.2 和 2 根 9 Φ^s15.2 钢束。

横梁横向预应力设计为:横梁4m范围内间隔0.4m配置预应力钢束,顶板配置 11 根 5 Φ^s15.2 钢束,底板配置 7 根 4 Φ^s15.2 钢束。

预应力钢束抗拉强度标准值 f_{pk} =1860MPa,张拉控制应力为 $0.75f_{pk}$ =1395Ma。

采用上述预应力钢绞线结构制成的箱梁,兼作拱的刚性系杆,纵向与两拱脚连线重合,形成自平衡体系。该体系可承受较大的轴向力,从而能很好地平衡主拱的水平推力。

10.2.5 施工方案研究

从化大桥主桥设计为下承式拱梁组合桥,通过系梁抵抗拱的推力,外部为无推力

第10章 主要研究课题与创新成果

结构,设计桥墩时不考虑其抗推能力。施工方案选择"先梁后拱"还是"先拱后梁",不仅关系到结构施工过程中的安全性,还关系到结构建成后受力的合理性。在无推力拱梁组合桥中,系梁和拱圈是相互牵连、相互依赖的,拱圈若无系梁抵抗其推力则无法维持其拱形,而系梁若不通过吊杆吊在拱肋上则无法独立跨越。所以,不论采用"先梁后拱"方法还是"先拱后梁"方法,在施工中都必须采取相应的措施来满足结构上的要求。

1)"先梁后拱"方案

先施工主梁,再施工主拱,可以物尽其用,施工过程中由系梁承担拱的推力,无须设置临时抗推措施。此时,系梁一般采用有支架施工方法。因为系梁自身仅有较小的跨越能力,若采用无支架施工方法,则系梁的施工弯曲应力将大大超过成桥弯曲应力,这是不合理的,也违背了系梁主要承担拱圈推力的设计意图。

本项目桥位处水深约 1～2m 且不通航,可以在水中施工临时墩及钢平台,然后在钢平台上搭设支架浇筑混凝土系梁并张拉系梁预应力钢束,最后在桥面上拱肋分段处搭设临时墩来拼装拱肋,安装并张拉吊杆。

为了保证地铁施工安全,地铁方要求支架桩桩底置于地铁结构底以下不少于6m。受地铁影响,支架桩长达 28m,且大部分位于中风化岩层中,无法施打钢管桩,只能采用钻孔灌注桩,使得水中搭设钢平台施工周期较长,造价较高。

2)"先拱后梁"方案

拱圈一般采用无支架吊装或转体施工方法,拱圈完成后利用吊杆逐段拼装预制系梁成桥,不用设置水中支架,桥梁上部结构施工对地铁隧道盾构施工不产生影响。不过,安装拱肋时需要在拱脚处将主梁与主墩进行临时固接,且两主墩间需要设置临时拉索替代系梁作用,用来临时抵抗拱的推力。施工过程中,拱的推力逐渐加大,替代系梁作用的临时拉索的张力也要随之增大,以与拱的推力平衡。临时张力过大或过小都是不合适的,因张力若与拱推力不平衡,差值将作用到桥墩上,增加桥墩的负担。因此,施工中须不断量测墩顶的水平位移,不断地调整临时拉索的张力,这给施工安排和施工控制都带来不小的麻烦和困难。

3)选用方案

综合比较后,从简化施工工序、降低施工控制难度、降低施工风险、缩短施工工期的角度出发,最终决定采用"先梁后拱"的施工方案,如图 10-3 所示,方便施工,降低施工控制难度。

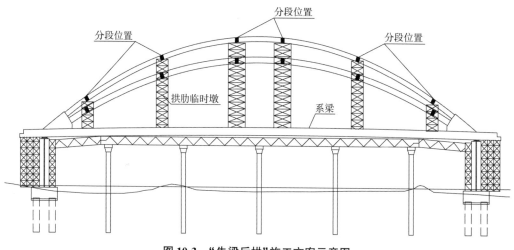

图 10-3 "先梁后拱"施工方案示意图

10.2.6 结构空间计算分析

10.2.6.1 计算模型

结构计算、施工模拟分析以设计图纸所示跨度、跨数、断面尺寸及支承形式为基础，有关计算参数和假定以现行国家有关设计规范、规程为依据。采用的计算软件是 Midas Civil。整体计算采用空间梁格模型。全桥共划分为 1322 个单元、951 个节点。

主梁纵向划分为 5 片纵梁，如图 10-4 所示。全桥计算模型见图 10-5、图 10-6。

图 10-4 主梁横断面图

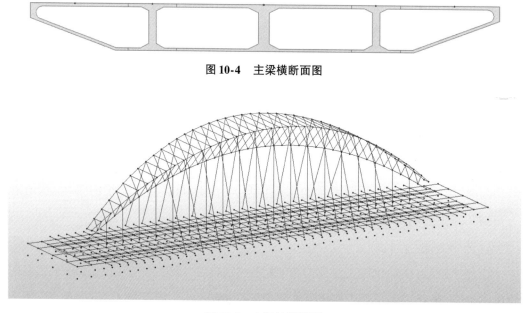

图 10-5 全桥计算模型

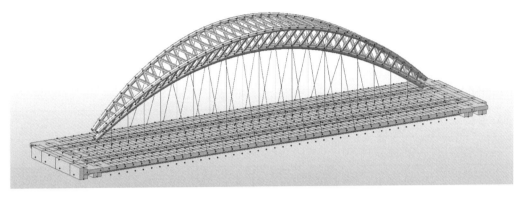

图 10-6　全桥三维实体模型

先施工桥梁基础及主墩,支架上现浇主梁,再安装拱肋及吊杆,最后调整吊杆力,拆除满堂支架,进行桥面铺装及人行道等附属工程施工。

10.2.6.2　主要静力计算结果

短期效应组合情况下,纵向主梁截面上缘仅个别点出现拉应力,其余截面均没有出现拉应力,出现拉应力的点位于主梁与主拱相交的位置,由于计算模型的简化处理,难以模拟该点位的真实应力状态。纵向边主梁截面下缘最大正应力为 0.11MPa,由于梁格划分的原因,边主梁中没有预应力钢束通过,加之截面下缘宽度特别小,难以模拟真实的应力状态,且计算得出该处的拉应力值很小,基本可以忽略。纵向中间主梁下缘最大正应力为 -0.74MPa,没有出现拉应力。

短期效应组合情况下,吊杆横梁截面上缘最大正应力为 0.39MPa,截面下缘最大正应力为 0.42MPa,出现拉应力的点位于单吊杆横梁与纵梁相交处,难以模拟该处真实的应力状态,且计算得出该处的拉应力值很小,基本可以忽略。

使用阶段作用标准组合情况下,各构件最大、最小应力如表 10-1 所示。

使用阶段标准组合构件应力表　　　　　　　　　　　表 10-1

杆件部位	上缘应力(MPa)		下缘应力(MPa)		允许值(MPa)	是否满足规范
	最大	最小	最大	最小		
主梁	3.69	-12.16	-0.88	-14.28	16.2	是
吊杆横梁	0.03	-5.85	0.23	-4.15	6.2	是
主拱钢管	-48.10	-209.50	-52.20	-238.10	270	是
主拱混凝土	-1.10	-15.10	-2.20	-16.50	$f_{td}=1.89, f_{cd}=23.1$	是
副拱钢管	-76.00	-218.80	-71.40	-218.00	270	是

续上表

杆件部位	上缘应力(MPa) 最大	上缘应力(MPa) 最小	下缘应力(MPa) 最大	下缘应力(MPa) 最小	允许值(MPa)	是否满足规范
副拱混凝土	-2.50	-16.10	-1.60	-13.70	$f_{td}=1.89, f_{cd}=23.1$	是
1~6号横撑	-7.14	-30.64	16.00	-3.00	270	是
7~20号横撑	14.39	-16.75	26.00	-3.90	270	是
1~6号斜撑	158.40	-112.60	160.00	-111.90	270	是
7~20号斜撑	218.30	-200.00	219.10	-200.20	270	是

注:f_{td}为混凝土轴心抗压强度设计值,f_{cd}为混凝土轴心抗拉强度设计值。

主吊杆的最大、最小索力分别为3990kN、3720kN,均低于允许值(4006kN),满足规范要求。副吊杆的最大、最小索力分别为1535kN、1450kN,均低于允许值(1564kN),满足规范要求。

从表10-1可以看出,使用阶段作用标准组合情况下,除主梁下缘最大压应力外,其余各构件应力均满足规范要求。从应力图中可以看到,主梁下缘仅个别点的最大压应力超出规范要求,且该点位于主梁与主拱相交的位置,由于计算模型的简化处理,因此难以模拟该点位的真实应力状态。

10.2.6.3 稳定性分析

针对以下两种结构体系和荷载工况,分别做了稳定性分析:
①成桥状态:恒载。
②成桥状态:恒载+城—A级活载(全跨满布)。

计算结果表明,一阶失稳模态为横桥向失稳,在恒载+城—A级活载作用下的稳定安全系数为5.143。相关规范对于稳定安全系数无明确规定,但一般认为,在恒载下不应低于4。因此,结构的整体稳定性符合要求。稳定特征值见表10-2。

稳定分析特征值和失稳模态　　　　表10-2

序号	荷载工况	稳定特征值	失稳模态
1	全部恒载	5.346	横桥向弯曲失稳
2	全部恒载+城—A级活载(全跨满布)	5.143	横桥向弯曲失稳

第一阶失稳模态见图10-7、图10-8。

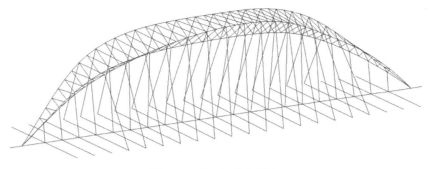

图 10-7 第一阶失稳模态

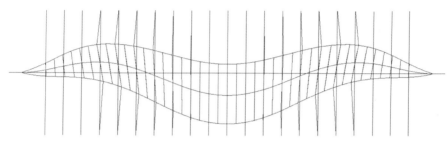

图 10-8 第一阶失稳模态(平面)

通过以上计算分析可得,从化大桥所采用的单跨空间钢桁架拱梁组合结构体系是合理的,桥梁结构是安全可靠的。

10.2.7 研究结论

从化大桥主桥桥型设计从景观的角度出发,提取了从化"山水城市""生态流溪"的元素,提出了一种新型的大跨度空间异形拱梁组合桥方案,桥型造型独特,拱肋采用"月亮形"钢桁拱,造型优美,结构新颖美观,犹如一轮新月升起在流溪河畔。主梁采用鱼腹式预应力混凝土箱梁,经济美观。全桥重量由 3 根圆管组成的主拱支撑,拱肋间的连接构件造型如腾飞的鸟翅,使技术与艺术完美结合。引桥上部结构采用鱼腹形箱梁,曲线圆滑,与主桥风格和谐统一。引桥桥墩采用与主桥桥墩外形相近的板式墩,桥墩横向通过勾勒弧线凹槽,使得造型多变、不呆板。

由于采用简支体系,该方案非常适合墩台基础地质条件不良、易发生沉降,但又要修建外形类似的新月形景观拱桥的地区。下承式的桥面布置更能适应城市跨河(跨江)桥梁在防洪及通航等方面的技术要求,尤其适用于当桥面高度受到严格限制而桥下又要求保证较大的净空的城市桥梁,经济效益和社会效益显著。

10.3 课题二:拱梁节点连接构造研究

10.3.1 研究背景

主桥拱肋采用1根主拱钢管和2根副拱钢管通过横撑、斜撑组合形成倒三角形,所有拱肋钢管及腹腔内均填充C50低收缩微膨胀混凝土。在端部拱肋拱脚处,主拱拱肋板厚为26mm,副拱拱肋板厚为22mm,拱肋通过埋入式构造与主梁进行节点连接,同时在埋入的钢管拱肋外壁上设置焊钉、焊接较长的锚固钢筋,锚筋锚入主梁混凝土超过2m,其构造如图10-9所示。

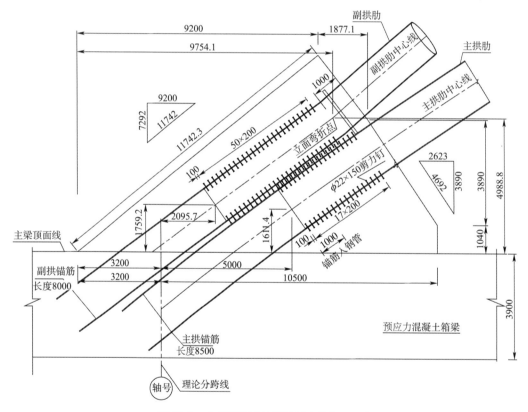

图10-9 主桥拱脚立面图(尺寸单位:mm)

10.3.2 拱脚构造设计计算

拱脚是钢管混凝土系杆拱桥的关键受力部位,桥梁的拱肋、纵梁、端横梁、支撑均交汇于此,因此,拱脚应力分布复杂。而通常在进行系杆拱桥整体计算时,传统的杆系模型仅能计算出各个杆件的内力,并不能精确计算出拱脚的应力分布情况。因此在进行拱脚设计时,应重点了解拱脚的应力分布情况及变化规律。

目前常见的钢管混凝土拱脚构造基本形式有埋入式拱脚和预应力承压式拱脚。相比预应力承压式拱脚,埋入式拱脚具有受力途径较为直观、传力途径清晰的优点。拱脚的设计计算可采用等强度连接理论;当设计困难时,亦可采用应力配筋法。应力配筋法是根据应力云图进行构件的配筋,根据应力云图验算结构配筋是否合理。

本工程主桥拱脚位于拱梁交汇处,承受整个拱圈传来的轴力、弯矩及剪力,同时受到主梁预应力轴向压力作用,其局部应力大。为了有效减小局部应力,采用埋入式拱脚构造,并采用等强度锚固理论进行拱脚的构造计算与设计分析。

主拱钢拱肋埋入拱脚混凝土的深度为3.5m。副拱由于倾斜的影响,埋入深度大于主拱,为6m。钢管拱肋采用剪力钉和锚固钢筋相结合的两种锚固形式,把正应力传递给混凝土。其中,剪力钉锚固可实现等强度传递,锚固钢筋能达到80%的最不利工况最大应力的锚固力。剪力钉均匀布置于钢管周围,剪力钉沿拱轴线间距为20cm。每个副拱拱肋上设置600个$\phi22mm \times 150$的剪力钉,主拱拱肋设置816个$\phi22mm \times 150$的剪力钉。

10.3.2.1 拱脚等强度计算

根据《公路钢结构桥梁设计规范》(JTG D64—2015),22mm、26mm厚Q345qC钢板的抗拉压强度取270 MPa,按等强度理论计算主、副拱肋钢管在轴向传递方向上的最大应力面积分别为39695994 MPa·mm²、27990765 MPa·mm²。

根据《公路钢结构桥梁设计规范》(JTG D64—2015),圆柱头焊钉连接件的抗剪承载力应按下列公式计算:

$$V_{su} = \min[0.43 A_{su} \sqrt{E_c f_{cd}}, 0.7 A_{su} f_{su}] \tag{10-1}$$

式中:V_{su}——单个圆柱头焊钉连接件的抗剪承载力(N);

E_c——混凝土的弹性模量(MPa);

A_{su}——焊钉杆径的截面面积(mm²);

f_{cd}——混凝土轴心抗压强度设计值(MPa);

f_{su}——焊钉材料的抗拉强度最小值(MPa)。

计算得V_{su}=71842N,主拱最小剪力钉个数为553个,副拱最小剪力钉个数为390个。

根据上述计算,剪力钉能满足等强度锚固的设计要求,第一道锚固防线安全可靠。

拱脚第二道锚固防线,主拱钢管采用 96 根 φ32mm 的 HRB400 锚固钢筋与钢管等强度焊接连接,详见图 10-10;副拱采用 72 根 φ32mm 的 HRB400 锚固钢筋与钢管等强度焊接连接,详见图 10-11。锚固钢筋与钢管拱肋等强度焊接后锚入拱脚混凝土并延伸至主梁,锚入主梁长度大于 2m,总锚固长度大于 5m。

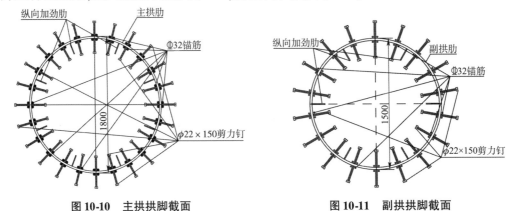

图 10-10　主拱拱脚截面　　　　图 10-11　副拱拱脚截面

根据上部结构总体计算结果,主桥拱脚钢管最大正应力为 200MPa。

第二道锚固防线作为锚固力储备使用,提供拱脚钢管最不利工况 80% 的最大应力作用下的锚固力。计算得到:主拱肋锚固钢筋需要的锚固钢筋根数为 88 根(少于 96 根),副拱拱肋锚固钢筋需要的锚固钢筋根数为:$16587120/265386 \approx$ 62 根(少于 72 根),均满足要求。

10.3.2.2　拱脚有限元仿真计算

为了进一步反映拱脚的实际受力和应力分布情况,采用大型有限元软件 ANSYS 建立拱脚处空间实体单元模型,对其进行局部应力分析。所取的分析节段为标准截面至梁端范围以及梁上拱座,与拱座相连的拱肋截面为 3 个圆形截面。通过在相应截面上施加边界荷载来模拟局部结构的真实受力。

1)边界条件模拟

为了保证计算结果的准确性,梁底支座位置按照实际支座情况,分别约束竖向和相应水平位移,主梁按实际位置布置支座,支座范围内设置刚性区域,避免应力集中的情况。但在预应力的张拉端,缺失锚垫板,应力不能扩散,应力集中明显,分析结果时应忽略这些地方。模型截取面为距离 Z6 主墩 14m 处的截面,假定主拱与副拱的截取面满足平截面假定,主拱与副拱的截取面是一个刚性面,在刚性面中心施加从 Midas Civil 的杆系模型整体计算结果中提取的内力。主梁的跨中梁端面定义了 3 个方向的平动约束,由于没有任何竖向位移,内力偏大,因而假定偏于安全。

2）荷载施加

主梁预应力荷载以集中力形式施加于主梁锚固端面，边界荷载为从 Midas 总体计算模型提取的基本组合的内力。再依据圣维南原理，将各节点内力静力等效施加于模型截断处。拱脚实体模型见图 10-12，计算模型见图 10-13。本模型中，混凝土采用实体单元 SOLID45，钢管采用 181 板单元，预应力单元采用 LINK180 线单元。

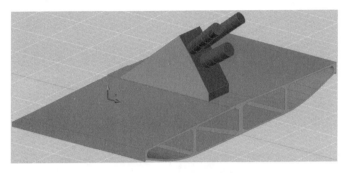

图 10-12　拱脚实体模型

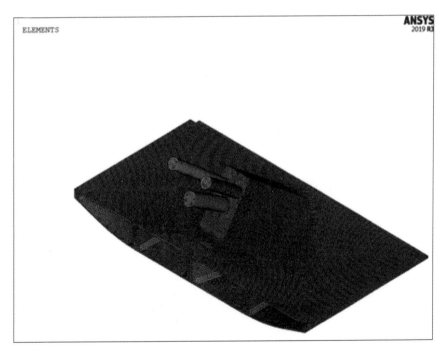

图 10-13　ANSYS 计算模型

计算时，采用两个模型进行比对分析：模型一不考虑钢管拱肋的构造细节，采用零厚度面接触单元 CONTA173 和 TARGE170 模拟钢管与混凝土的滑移；模型二在模型一的基础上，采用共节点的方式考虑拱脚的外包钢板和拱肋的加劲肋，以及主拱和副拱的加强联系。

3)模型一主拉应力计算结果

模型一的主拉应力计算结果见图 10-14 ~ 图 10-18。主拱与副拱各自承受较大的弯矩,其与混凝土接触位置的主拉应力较大。副拱钢管最大的主拉应力达到 197MPa,副拱混凝土除局部应力集中外的最大主拉应力达到 9.7MPa,拱脚混凝土除局部应力集中外的最大主拉应力达到 12.1MPa。

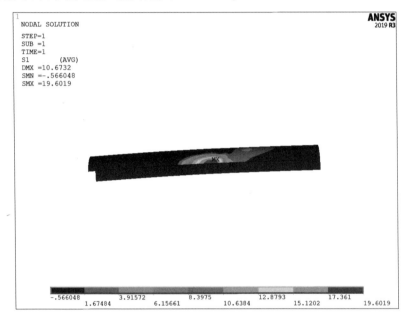

图 10-14 主拱钢管主拉应力图(单位:MPa)

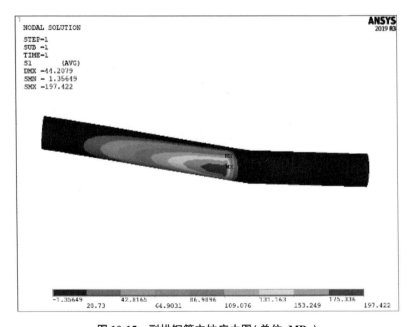

图 10-15 副拱钢管主拉应力图(单位:MPa)

第 10 章　主要研究课题与创新成果

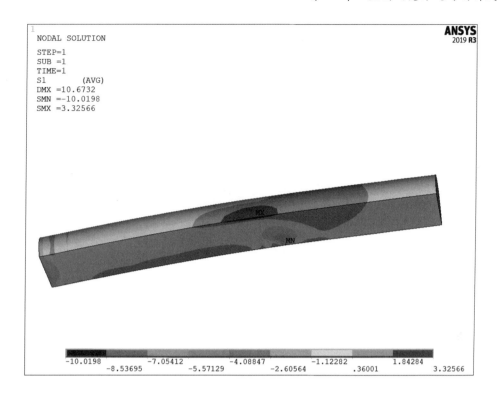

图 10-16　主拱混凝土主拉应力图(单位:MPa)

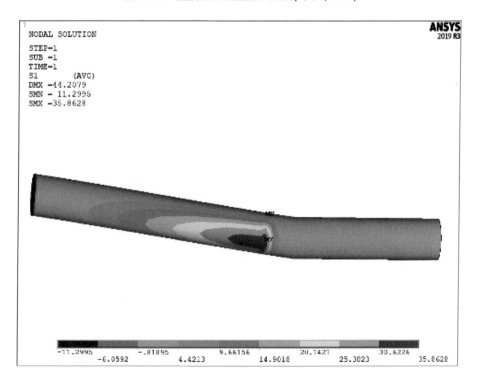

图 10-17　副拱混凝土主拉应力图(单位:MPa)

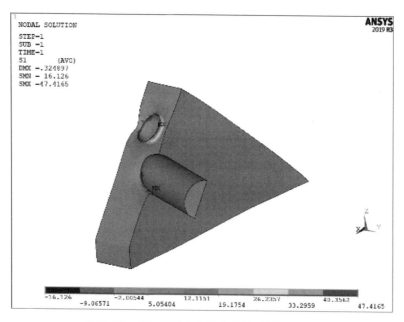

图 10-18 拱脚混凝土主拉应力图(单位:MPa)

4)模型一主压应力计算结果

模型一的主压应力计算结果见图 10-19 ~ 图 10-23。由于副拱为空间异形拱,拱脚的位置出现折角,独立受力的情况下,主拉应力较大。副拱钢管的最大主压应力达到 328MPa,副拱混凝土除局部应力集中外的最大主压应力达到 45.7MPa,拱脚混凝土除局部应力集中外的最大主压应力达到 55.8MPa。

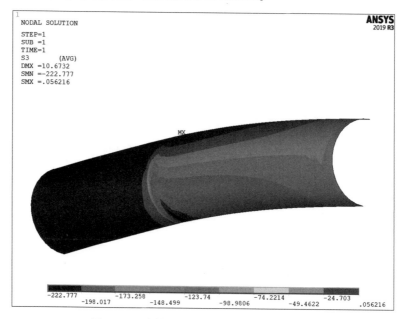

图 10-19 主拱钢管主压应力图(单位:MPa)

第10章　主要研究课题与创新成果

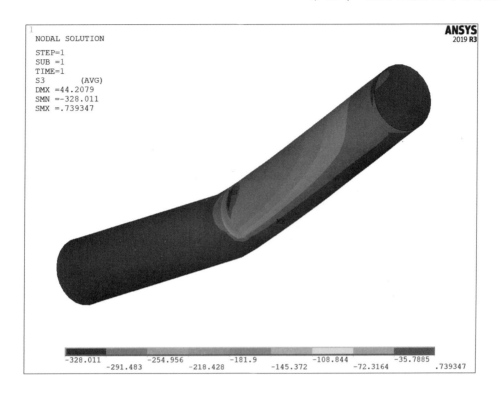

图 10-20　副拱钢管主压应力图(单位:MPa)

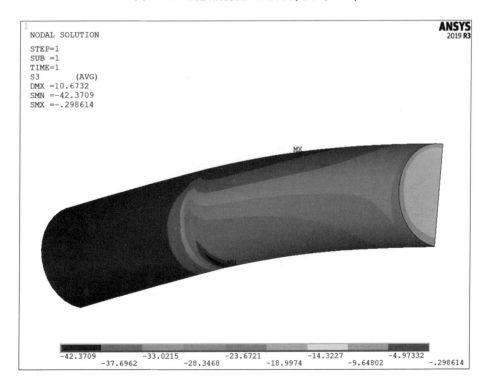

图 10-21　主拱混凝土主压应力图(单位:MPa)

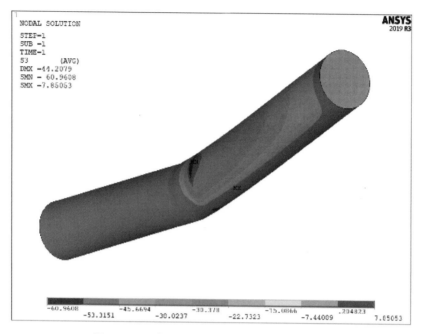

图 10-22 副拱混凝土主压应力图(单位:MPa)

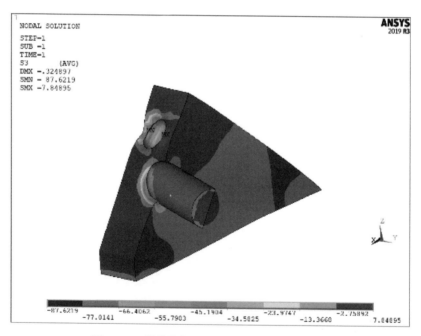

图 10-23 拱脚混凝土主压应力图(单位:MPa)

5)模型二主拉应力计算结果

模型二的主拉应力计算结果见图 10-24 ~ 图 10-29。模型二在模型一的基础上,加强主拱和副拱的相互连接,拱脚增加外包钢板,增加剪力钉和锚筋,增强拱与拱脚的抗剪力、抗拔力。模型二中,副拱钢管最大主拉应力为 153MPa,副拱混凝土转角的位置除局部应力集中外出现最大为7.4MPa的主拉应力,拱脚混凝土与主、副拱接触的边缘除局部应力集中外出现最大为8.8MPa的主拉应力。显然,副拱钢管和混凝土的主拉应力都有所减小,但副拱混凝土在转角位置的主拉应力仍然较大,可通过局部加密钢筋来减小裂缝宽度。

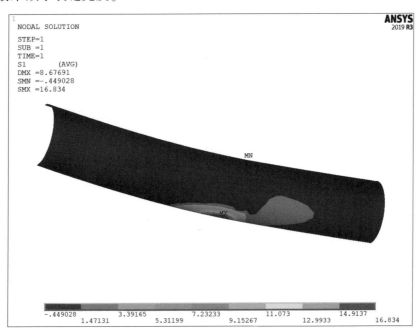

图 10-24　主拱钢管主拉应力图(单位:MPa)

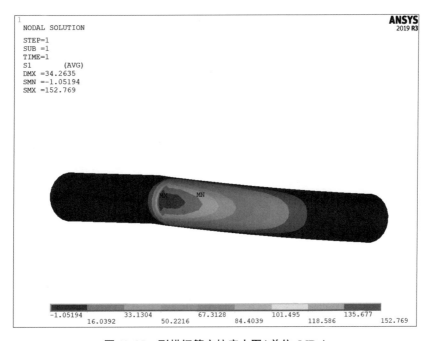

图 10-25　副拱钢管主拉应力图(单位:MPa)

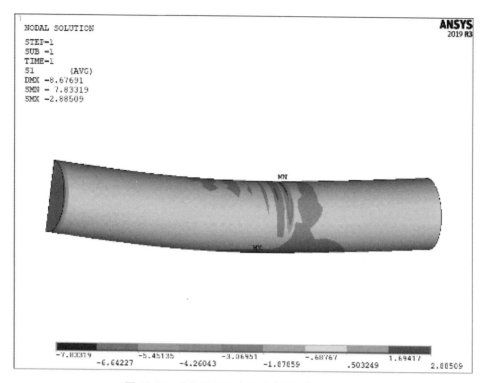

图 10-26　主拱混凝土主拉应力图(单位:MPa)

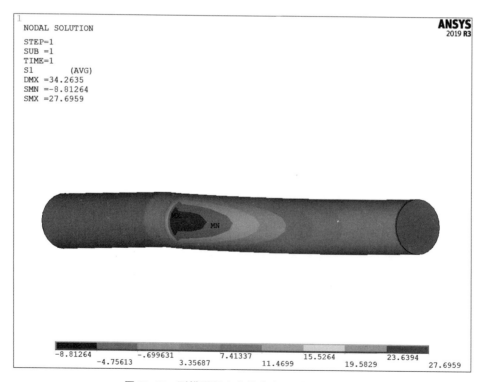

图 10-27　副拱混凝土主拉应力图(单位:MPa)

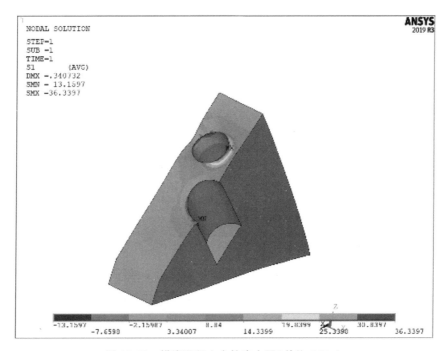

图10-28 拱脚混凝土主拉应力图（单位：MPa）

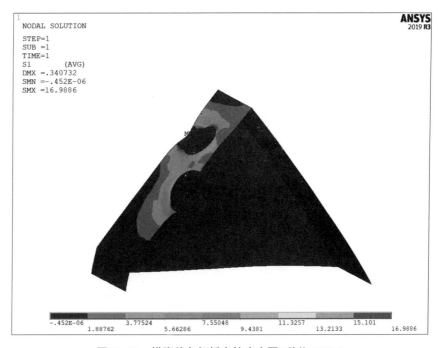

图10-29 拱脚外包钢板主拉应力图（单位：MPa）

6）模型二主压应力计算结果

模型二的主压应力计算结果见图10-30～图10-35。模型二的副拱钢管最大主压应力已改善为256MPa，副拱混凝土最大主压应力已改善为35MPa，拱脚的主压应力已改善为43MPa。副拱混凝土中只有极少部分位置的主压应力较大,附近混凝土的主应力迅速衰减到36MPa。

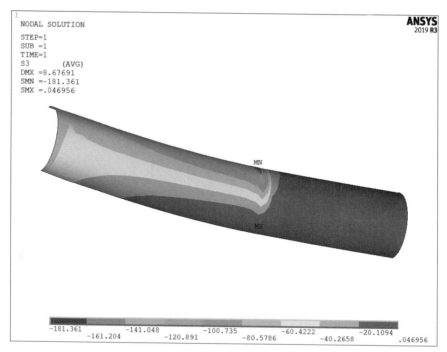

图10-30　主拱钢管主压应力图(单位:MPa)

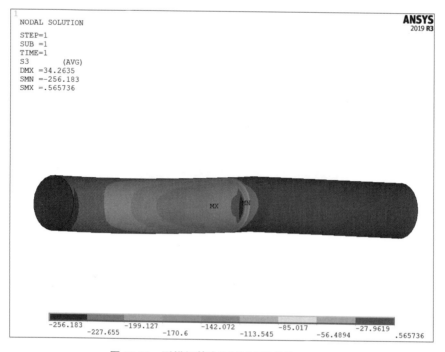

图10-31　副拱钢管主压应力图(单位:MPa)

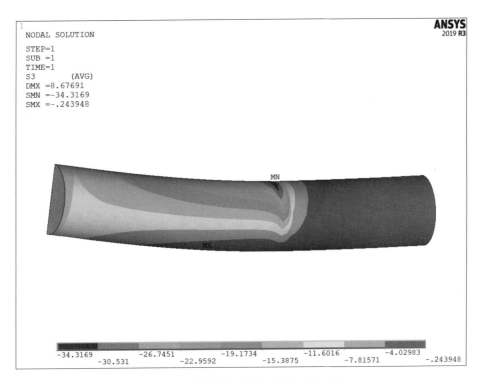

图 10-32　主拱混凝土主压应力图(单位:MPa)

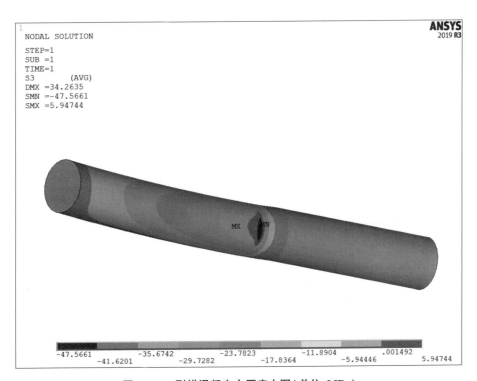

图 10-33　副拱混凝土主压应力图(单位:MPa)

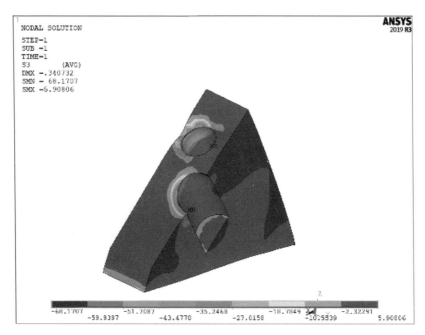

图 10-34 拱脚混凝土主压应力图(单位:MPa)

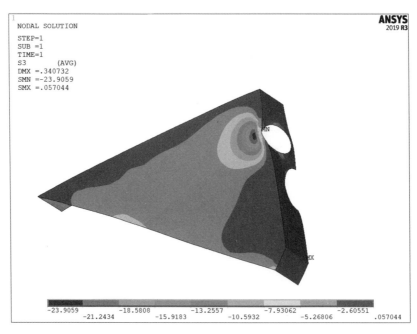

图 10-35 拱脚外包钢板主压应力图(单位:MPa)

10.3.3 拱脚构造细节设计与创新

拱脚承受整个拱圈传来的轴力、弯矩及剪力,同时受到主梁预应力轴向压力的作用,其局部应力大。为了有效减小局部应力,本设计提出了适用于多根非平行拱肋在拱脚集中锚固的新构造。拱脚的构造细节为：

①通过将两根副拱肋的两端拱脚均向外侧弯折,可避免主拱肋和两根副拱肋在拱脚由于位置冲突而被截断,以保证主、副拱肋的完整性和传力的连续性,同时方便拱肋结构制造安装。与拱肋交叉再锚固相比较,3根拱肋平行锚固可简化拱脚节点处锚固连接设计,有效降低拱脚处节点应力水平,使整个拱脚结构受力更均匀。

②为了确保拱脚受力的合理性,有效减小拱脚的局部应力,采用剪力钉和锚固钢筋与拱肋钢管焊接后预埋于混凝土中,起到双重保险的作用。

③在拱脚处的两副拱之间设置副拱连接加劲板,见图10-36。副拱连接加劲板厚度达到20mm,能有效避免横向面外作用力作用于拱脚混凝土。主拱、副拱之间设置连接加劲板,使得整个拱圈在拱脚处连接成一体,能有效地平衡拱肋自身内力对拱脚的不平衡作用力,起到减小局部应力的效果。

④设置足够箍筋。箍筋采用抱箍形式紧贴钢管拱肋,并锚固于混凝土主梁内,进一步加强拱圈与混凝土的锚固力。

⑤设置钢管内钢筋笼,确保钢管内混凝土应力的顺利过渡。

⑥拱脚采用聚丙烯纤维混凝土,同时设置外包钢板,有效避免拱脚裂缝产生。

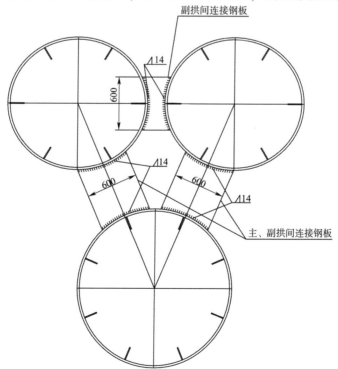

图10-36　拱脚处主、副拱肋间的连接(尺寸单位:mm)

10.3.4 研究结论

从化大桥拱脚设计中,选择拱肋、主梁的节点结构形式时,主要考虑以下几个因素:①确保拱脚位置处连接牢固可靠;②能清晰地把拱肋的力传递到拱脚混凝土上,即传力途径明确;③避免局部应力过大,防止拱脚局部混凝土开裂;④便于施工。

综合考虑上述几个方面后,最终设计方案为将3根设置剪力钉的钢管拱肋通过加劲钢板互连后平行插入拱脚混凝土,拱肋钢管在拱脚处通过焊接锚固钢筋锚入并延伸至主梁混凝土。埋入式拱脚传力途径明确,安全可靠度高。通过优化设计及计算分析,结果表明本工程主桥拱脚结构设计安全可靠。

10.4 课题三:吊杆与拱肋、主梁的节点连接构造研究

10.4.1 研究背景

本桥属于非常规结构,具有明显的空间受力特性,构造和受力均较为复杂,吊杆与拱肋、吊杆与主梁的节点锚固设计是整个设计方案的关键控制点之一。吊杆索体采用PES(FD)系列新型低应力防腐拉索,顺桥向间距为6m,主拱肋共设置19根竖吊杆,副拱肋共设置13对斜吊杆,形成空间索面,吊杆两端分别锚固于混凝土主梁和钢管混凝土拱肋。

为了得到合理的吊杆锚固设计方案,保证结构受力安全,结合主桥总体设计,提出各种可能的吊杆锚固方案,并分析评价其优劣性,研究、改进后得到综合较优的节点设计方案。

10.4.2 吊杆与拱肋的锚固节点方案研究

从化大桥主拱肋、副拱肋均采用单圆管截面,管内填筑C50微膨胀混凝土。设计过程中,考虑以下3种吊杆与拱肋的锚固连接方案:

1)方式一:拱底销铰式连接

吊杆并不直接锚于拱肋钢管上,而是通过销轴将焊于拱肋底端的节点板同吊杆的叉耳连接起来,形成铰接,如图10-37所示。

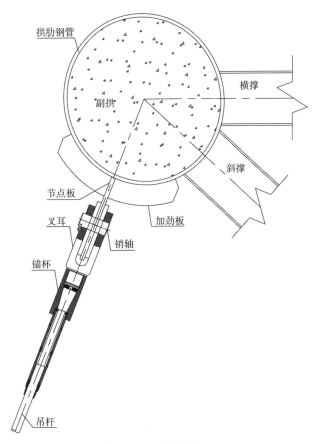

图 10-37 销铰式连接

吊杆无须穿过拱肋,对拱肋截面不会造成削弱,拱肋整体受力性能更好。但这种连接方式属于受拉式连接,连接件受拉,活载作用下连接处的抗疲劳性能较差。拱肋钢管底部受到垂直于钢板厚度方向的拉力,存在"扯头皮"现象,因此拱肋钢管一般需要采用 Z 向性能优异、造价更高的 Z 向钢板制作。

2) 方式二:锚于拱肋内部

在拱肋钢管内做一个钢板箱,形成上锚窝,用于放锚头,再预埋 1 根管穿过拱肋,吊杆从管中穿过。为了防止吊杆处锚下混凝土局部受力过大,用螺旋筋加强,如图 10-38 所示。

这种连接方式属于承压式连接,拱肋和连接件均受压,构造简单,锚头无外露,较美观。将较大的吊杆锚头置于拱肋内,锚头对拱肋的外观不会产生影响,但对拱肋的横断面会有较大的削弱;拱内钢板箱的存在给拱内吊杆附近的混凝土泵送施工带来困难,且影响密实度。另外,锚于拱肋内部,不利于吊杆锚头的检查、养护与吊杆的更换。

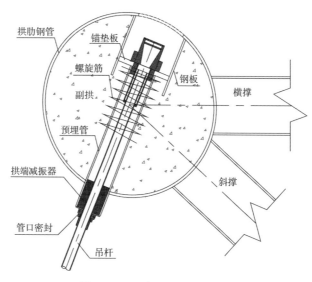

图 10-38 吊杆锚固于拱肋内部

3) 方式三：锚于拱肋顶面

吊杆通过预埋管穿过拱肋后锚固于拱肋钢管顶面，锚垫板与拱顶之间通过设置垫块调平，外露锚头设置保护罩防腐，节点构造如图 10-39 所示。调平垫块可以采用无缝钢管并在管内灌填干硬性环氧砂浆形成。需要注意的是：由于拱肋的曲率是变化的，因此，每根吊杆处无缝钢管的尺寸都是不一样的，为了保证焊接质量，其与拱肋相连的端部位置应采用相贯线切割机加工成型，坡口尺寸应通过焊接工艺试验评定确认。

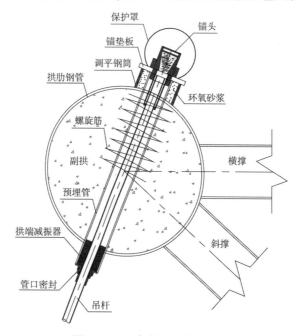

图 10-39 吊杆锚固于拱肋顶面

与锚于拱肋内部一样,该种连接方式也属于承压式连接,拱肋和连接件均受压,构造简单。吊杆须穿过拱肋,对拱肋的横断面同样会造成一定的削弱,但由于锚头外露,拱肋截面削弱相对较小。美中不足的是锚头外露会对拱肋的近景效果产生一定的影响。

10.4.3　吊杆与主梁的连接节点设计

从化大桥主梁为预应力混凝土鱼腹式箱梁,吊杆与主梁的锚固连接考虑以下两种方式:

1) 方式一:锚固于梁底

锚固区布置在梁底,锚垫板与梁底之间设置楔块调平,外露锚头设置保护罩防腐,锚下设置螺旋筋加强,如图 10-40 所示。

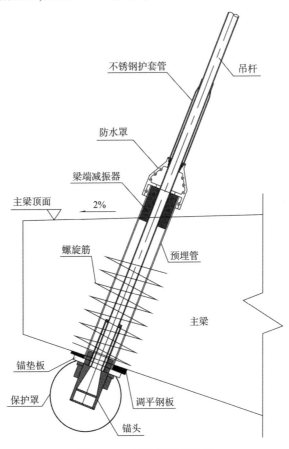

图 10-40　吊杆锚固于梁底

这种连接方式属承压式连接,混凝土主梁与连接件均受压,构造简单。锚头外露不会削弱主梁断面,但不利于景观。

2)方式二:梁顶销铰式连接

吊杆锚固区布置在梁顶,但吊杆并不直接锚于梁上,而是通过销轴将梁顶节点板与吊杆的叉耳连接起来形成铰接,混凝土主梁与节点板则通过剪力钉或开孔板连接键连接,节点构造如图10-41所示。

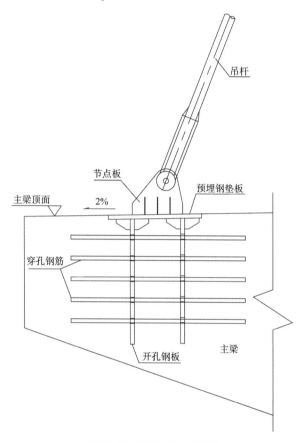

图10-41 梁顶销铰式连接

采用梁顶锚固,对主梁截面无削弱,吊杆可在桥面直接张拉,无须搭设支架或桥检车,后期运营检查维护也方便。但这种连接方案属于受拉式连接,连接件受拉,构造较复杂。但由于钢混结合部结构受力很复杂,因此在混凝土梁中的实际应用很少,多用于钢梁。

10.4.4 研究结论

上述设计方案各有优缺点。在最终确定吊杆与拱肋、主梁的锚固节点连接方案时,主要考虑以下几个因素:

①确保连接牢固可靠。

②能简捷地把吊杆力传递到全截面。

③构造简单,便于施工、检查和维护。

④对桥梁景观的影响。

综合考虑上述几个方面,确定的从化大桥主桥吊杆与拱肋、主梁的锚固节点方案为:吊杆上端锚固于拱肋钢管顶面(方案三),下端锚固于主梁梁底(方案一),均设计为承压式连接,使构造简单;吊杆两端锚头均设计为外露式,使其对拱肋、主梁截面的削弱相对较小。

为了减少锚头外露对桥梁景观产生的不利影响,结合从化"荔枝之乡"的特色,最终设计方案进一步将常规的圆柱形锚具防护罩优化为球冠形(图10-42)。外露的锚头寓意为一颗颗饱满的荔枝,不仅巧妙地解决了锚头外露问题,还寄寓了从化人对年年荔枝大丰收的美好愿景,并通过从化大桥这座优美的桥梁为从化特产——荔枝做了有力宣传,使从化大桥真正成为从化人心中的优美桥梁。

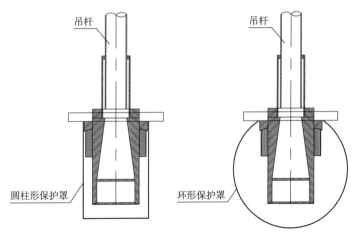

图10-42 外露锚头保护罩

10.5 课题四:与地铁隧道共线特殊条件下的结构设计研究

10.5.1 研究背景

近些年,随着城市建设的发展,城市的地上、地面、地下可利用空间资源愈发珍贵、稀缺,公路、市政道路桥梁与轨道交通采用同一走廊线位或在局部节点处发生线位交叉、空间毗邻重叠、结构体紧邻同建的情况越来越多。在规划、设计层面上如何更好地处理两者的线位与空间关系,在建设中怎样在保证桥梁与地铁相互跨越或穿越时结构安全的前提下将空间上的安全距离挖潜至最小,已成为城市基础设施建设中亟待重视和解决的问题。

当公路、市政桥梁与轨道交通相邻且共同跨越大的江河时,采用的解决方法是:考虑线位合一,采用公铁、公轨两用桥梁;考虑将两者规划线位偏离出足够安全距离,使两者互不影响。目前,较少规划和实践公路、市政桥梁与轨道交通紧邻并线或上下骑行共线的方案。此外,在市区陆域范围的走廊带以及交叉口节点位置,如何使市政道路与轨道交通更加高效集约地利用好有限的城市空间资源,以及更好地进行相互结合,在统筹规划布局层面上尚欠成熟的原则,而在具体设计中也缺乏系统的技术标准与设计方法,常常是见招拆招、孤立、零星地对各个问题加以解决。

10.5.2 地铁隧道对桥梁的影响研究

地铁隧道下穿桥梁时,隧道开挖对桥梁的影响是一个复杂的三维空间问题,其本质是隧道-土体-桩基-上部结构四者之间动态的相互作用。首先,在隧道开挖过程中,释放的应力引起隧道周围地层的变形;其次,地层的变形会进一步导致附近桥梁桩基产生沉降或变形;进一步,若桩基所承受的附加应力超过容许范围,桥梁桩基便会产生损伤或破坏,最终威胁桥梁上部结构的正常使用。隧道-土体-桩基-上部结构相互影响关系如图10-43所示。

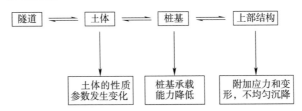

图10-43 隧道-土体-桩基-上部结构相互影响关系

10.5.2.1 隧道开挖对土层的影响

地下结构是一个由周边围岩、支护结构共同组成、相互作用的结构体系。周边围岩不仅是结构的一部分,还是作用在结构上的荷载。

隧道开挖会引起地面的沉降或隆起,一般以沉降为主。地表沉降,亦称为开挖阶段地表变形,主要包括以下两部分:开挖卸载时,开挖面土体向隧道内移动所引起的地表沉降;支护结构背后的空隙闭合所引起的地表沉降。隧道开挖引起的地表沉降主要原因为:地层初始应力状态的改变引起的应力重分布、施工引起的地层损失、周围地层受扰动引起的孔隙水变化、受剪切破坏的重塑土再固结等。

隧道的施工过程，其实就是打破土体原先应力分布的过程。在这一过程中，土体的应力改变是连续的，最终土体应力达到一个全新的平衡状态。

10.5.2.2 地层变形对桩基的影响

地层的水平位移使桩身产生附加弯矩，并发生侧向的变形，且和桩基周围土体的位移方向一致。隧道开挖过程中，隧道周围土层产生向隧道方向的变形，当该变形传递到邻近桥梁的桩基时，桩基的存在阻碍了部分土体的变形，使桩基两侧土体的土压力出现差异，而桩基也产生侧向位移和弯矩。地层水平变形对桩基的影响如图10-44所示。

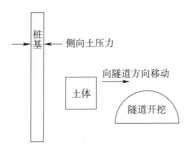

图 10-44　地层水平变形对桩基影响

地层的竖向变形引起土体和桩基发生相对移动。隧道开挖过程中，当土体相对于桩基产生向下的移动时，会使桩基产生向下的负摩阻力，降低桩基的承载能力；隧道开挖过程中，当土体相对于桩基产生向上的移动时，会使桩基产生向上的正摩阻力，增加桩基的承载能力。为了维持力学平衡，桩基产生相应的沉降或隆起，土层也会约束桩基的变形。地层竖向变形对桩基的影响如图10-45所示。

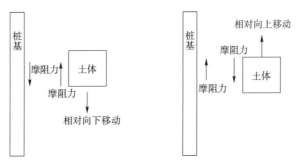

图 10-45　地层竖向变形对桩基影响

10.5.2.3 基于能量守恒的桩基存在条件下地层变形分析

从能量的角度来看，地下工程开挖过程中围岩变形、应力调整等均可归结为工程岩体中原有的集聚的弹性能因开挖而释放的过程。桩基的存在阻断了地层变形的发展和传播，从能量守恒的角度考虑，相当于因开挖而释放的岩体中的弹性能有一部分以变形能的形式存储在了桩基中。因而,桩基的存在减小了地层中释放的能量。

城市地铁隧道埋在各种土层中。土层是连接隧道和桥梁的唯一介质,其变形对桥梁桩基承载力的影响巨大。隧道施工中发生的地表移动与变形,主要是由施工引起的地层损失、施工过程中隧道周围受扰动或受剪切破坏的重塑土的再固结所造成的。影响地层损失、地表沉降的因素较多,如地下土层的不均匀性、不连续性等。为了确保隧道施工过程中桥梁的安全使用,应了解地层变形破坏特点、隧道与桥梁桩基之间的相互作用,从而分析地层变形规律及其对桩基变形的影响。

一般情况下,桥梁是否受到破坏,并不是由沉降值大小来衡量的。如果属于均匀沉降,沉降值再大,桥梁也不会受到破坏;如果桥梁桩基发生不均匀沉降,即便是微小的沉降,也有可能导致桥梁破坏。这是由于虽然沉降值不大,但其曲率变形或倾斜变形值已超过允许变形值。即在桥梁施工期间,判断桥梁安全性的最重要指标是桥梁桩基沉降是否均匀一致,其次才是沉降值的大小。短时间内,桥梁基础沉降对桥梁结构的影响不明显;但在较长时间范围内,会在上部结构中产生较大的附加弯矩和附加应力,从而影响桥梁的正常使用,严重时导致桥梁垮塌。因此,基础沉降是桥梁损坏的重要原因之一,对地铁下穿既有桥梁的沉降控制进行研究具有重要的工程意义。

10.5.3 从化大桥与地铁隧道共线特殊条件下的结构设计方案优化

如何确保地铁施工过程中既有桥梁的安全使用一直是社会各方关注的焦点。综合国内外理论研究以及施工经验,新建地铁下穿既有桥梁的工程措施主要有:

①加固桥墩附近地层,提高土层的自身承载力,减小桥墩的不均匀沉降。

②扩大基桩承台,提高桥桩的承载力。

③隧道施工时采用高强度的支护结构,减少开挖引起的地层损失。

④在新建隧道与既有桥梁基础之间施作隔离桩等,隔断地铁施工对既有桥梁的影响。

地铁14号线江街区间过河隧道与从化大桥线位重叠。为尽量减小二者之间的相互影响,将地铁隧道分为左右双线,其中左线隧道在从化大桥西侧通过,右线隧道在从化大桥两排桥桩基中间与桩基平行穿过。为避让地铁,将Z6号、Z7号主桥基础与Z1号、Z12号桥台基础的间距加大,并加大承台跨径和厚度(图10-46、图10-47)。调整后,大桥桩基础与地铁结构外轮廓的最小净距为2.0m,主墩承台底面与地铁结构外轮廓顶面的最小净距为3m。施工顺序为:桥桩基施工→地铁盾构隧道施工→桥承台、墩身等上部结构施工。

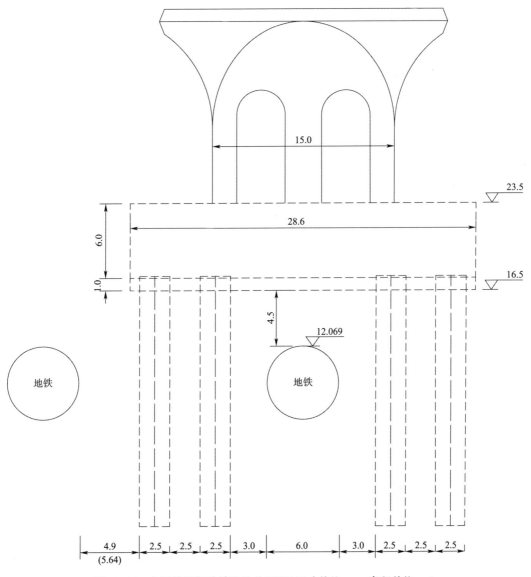

图 10-46 主桥基础与地铁线位关系图(尺寸单位:m。高程单位:m)

在从化大桥与地铁隧道共线的特殊条件下,结构设计所采取的主要措施如下:

①采用单跨下承式拱桥,上部结构属于简支体系,外部无多余约束,属外部静定结构。既满足了建设方对桥梁景观的高要求,又最大限度降低不均匀沉降对桥梁结构的影响。

②调整桩基布置,加大基础承台的跨径和厚度,桥梁桩基与隧道最小水平间距按不小于2m进行控制。

③地铁附近桩基均采用嵌岩桩,桩底距隧道底的距离大于2倍桩基直径,以确保桩底嵌固效应,减小地铁隧道施工时桩基的沉降量,同时最大限度减小桩基对地铁结构的影响。

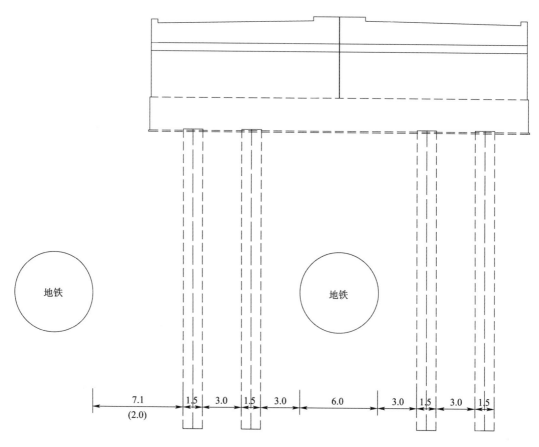

图 10-47 桥台基础与地铁线位关系图(尺寸单位:m)

④在桩基设计时充分考虑地铁隧道施工带来的附加应力影响,通过加大桩基直径、加强桩基配筋,提高桩基的承载能力和抗裂能力,避免在地铁隧道施工时造成桩基破坏。

⑤加大承台的厚度,加强承台配筋,使得承台与桩基形成框架的结构形式,同时保证承台底面距离地铁隧道结构顶的净距不小于 4.5m,保证桥梁建成通车后的运营不会对地铁隧道产生不利影响。

⑥采用信息化动态设计的方法,所有项目的施工过程中,由监测机构对地铁隧道施工进行 24h 自动化监测。一旦发生超出警戒值的应力或变形,立即采取措施调整设计或施工方案,确保桥梁和地铁结构安全。

10.5.4 地铁隧道施工对从化大桥桩基影响的分析研究

地铁隧道施工对桥梁的影响是一个相对短暂的作用,但其对土体扰动很大,土体会产生坍塌变形,发生应力重分布,这会对隧道附近土层中的桩基产生较大附加应力和附加沉降,使桩基承载力降低,甚至影响桩基上部结构物的安全。因此,有必要对地铁隧道施工对桥梁桩基的影响进行计算分析。采用隧道-土-桩研究中常用的数值模型分析法,对广州地铁14号线地铁隧道施工对从化大桥主桥桩基的影响进行计算分析,以确定桥梁的安全性。

采用有限元软件Midas GTS建立隧道-土-桩三维有限元模型(图10-48),选取的模型尺寸为100m(x方向)×50m(y方向)×60m(z方向),在模型地层边界施加x、y、z三个方向的约束,在周围边界处施加x、y两个方向的约束。模型中,土体以实体单元模拟(土体从上到下为卵石、强风化花岗岩、中风化花岗岩和微风化花岗岩,桩基和隧道主要埋置于微风化花岗岩中),桩以梁单元模拟,隧道衬砌以板单元模拟。桩与土体之间以及桩端设置界面接触。通过杀死隧道范围内土体单元、激活衬砌单元来模拟隧道开挖及衬砌管片安装。

图10-48 有限元计算模型

通过计算得到施工过程中各结构的最大沉降量。隧道开挖施工围岩竖向沉降见图10-49。

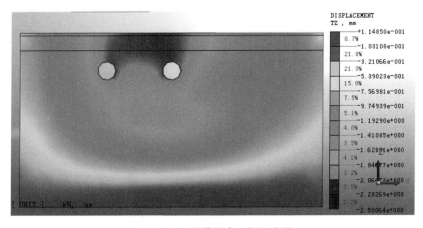

图10-49 隧道围岩z向位移图

隧道围岩的最大沉降量为2.5mm,发生在隧道开挖顶面。离隧道越远的土体,其沉降量越小,沉降值由2.5mm逐渐降低到0.9mm。表明地铁隧道开挖只对隧道附近土体的扰动较大,当距离隧道较远时,隧道开挖对土体的扰动基本可以忽略。

隧道开挖施工中,附近土层受到扰动而产生附加变形,土体的变形会带动位于土体中的桥桩发生变形。在隧道施工过程中,由于隧道开挖对土体造成扰动而使桥桩产生的 x 方向附加位移见图10-50,竖向附加位移见图10-51。水平附加位移很小,最大只有0.2mm;竖向附加位移为1.3mm。由水平附加位移引起的桩基附加弯矩见图10-52,最大为202kN·m,对于直径2.5m的桩基来说影响非常小。

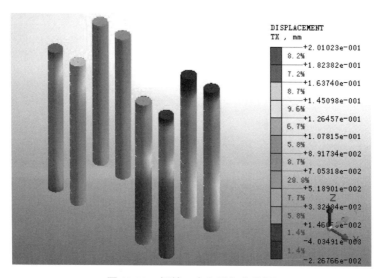

图10-50 桥桩 x 方向附加位移图

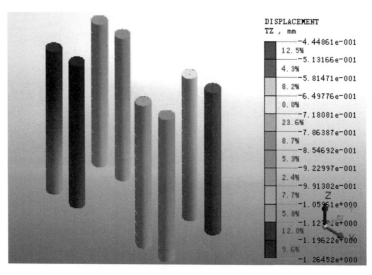

图10-51 桥桩 z 方向附加位移图

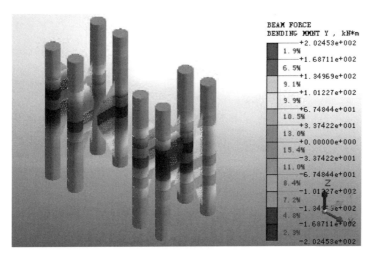

图 10-52　桥桩基附加弯矩图

10.5.5　研究结论

由于地铁 14 号线穿越流溪河段分左、右双线,左线隧道在从化大桥西侧通过,右线隧道中心线与从化大桥中心线重合,从化大桥桩基布置受限于地铁隧道线位,且两个项目工期重叠,两者相互影响,形成复杂的施工工况,影响桥梁和地铁的安全。设计单位对方案进行了优化:①采用单跨拱梁组合桥,以减小不均匀沉降对大桥结构的影响;②调整桩基布置,加大基础承台的跨径和厚度,桥梁桩基与隧道最小水平间距按不小于 2m 控制;③对地铁施工期和运营期进行两阶段监测,对监测数据进行信息化管理及分析,及时对施工方案进行调整和优化设计。

分析可知,地铁隧道开挖对桥梁桩基的影响在可控范围,不会对桥梁上部结构构成安全威胁。一方面,是因为场区地质条件良好,地铁隧道和桩基大部分位于中风化花岗岩中;另一方面,是因为对桥梁结构已采取了诸如加大桩长、加厚承台保证对桩顶的约束并在已有的条件下尽量加大了桩基与隧道的距离等措施,这些综合因素保证了隧道开挖时桥梁结构处于安全状态。

10.6　工程勘察创新成果

10.6.1　工程测量创新成果

10.6.1.1　自编应用程序,解决断面数据处理、检查问题,提高效率

断面数据量非常大,数据处理、转换和检查耗时长。广州市政总院自行开发了断

面数据的格式转换软件,可以非常方便地将断面数据转换为纬地格式、鸿业格式、杭州格式和李方格式(图10-53),以供多用途使用,大大减少数据转换的工作量。

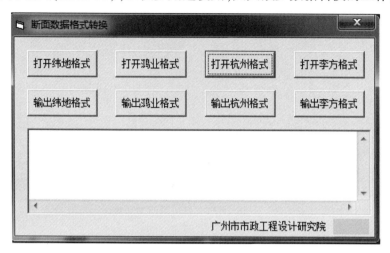

图10-53 断面数据格式转换

此外,由于数据量非常庞大,对断面数据进行检查与校核的工作量非常大,不利于操作和检查。广州市政总院对AutoCAD软件进行二次开发,自主开发断面数据检查程序(图10-54),实现将断面数据批量展绘至图面,并对数据进行自动化检核,有效解决传统的人工检查断面方式造成的效率低下、存在错误纰漏等问题,显著提高内业生产效率和成果精度。

图10-54 断面点检查功能导入

10.6.1.2 控制网测量精度优秀

依据工程特点和测区条件,项目首级平面控制网与桥轴控制网一起布设,通过精心组织、科学实施,确保从选点布网、观测到平差计算的质量都保持良好。作业时,使用先进的全球定位系统设备以及自动安平水准仪进行观测,采用配套平差软件进行平差计算。平差结果显示所有成果符合规范规定并大大优于相应的精度指标,为本项目建设提供了必要的基础数据,并对本工程顺利开展起到了实实在在的保障作用。

1)测区首级平面控制网

控制网全网共有 41 条基线,共组成 79 个闭合环,其坐标差分量、环闭合差全部满足规范要求,其中最大环闭合差为 21.439×10^{-6}m,最小为 0.181×10^{-6}m;最弱重复基线为"CE02-CE06",最大长度较差为 2mm,限差为 41mm。

控制网平差计算分两步:先在 WGS-84 坐标系中固定一点的 WGS-84 坐标进行三维无约束平差,最弱基线边为"E20-E05",相对精度为 1/675811;最强基线边为"E20-E01",相对精度为 1/1011756;后以 114°为中央子午线,采用高斯正形投影方法,以克拉索夫斯基椭球为参考椭球,进行二维约束平差,最弱基线边为"CE07-CE08",相对精度为 1/118847,全网基线相对精度均满足 1/20000 的技术要求。平差结果最大点位中误差为 CE04 的 0.3cm。

2)首级高程控制网

项目布设了一条四等水准路线,联测所有地面上的平面控制点。水准测量作业采用单程附合法,使用清华山维《NASEW95》软件进行严密平差计算,最大高程误差为 ±1.1cm,最大点间高差误差为 ±0.9cm,线路高程闭合差为 22.5mm,限差为 ±50mm。

10.6.1.3 采用先进技术方法实施水下地形测量

本工程跨越流溪河,须对拟设桥梁中线上下游各 1000m 的河床进行水下地形测量。该河段水面宽度约为 220m,浅滩多,局部水流急,水深较浅,机动船航行不便。

本工程水下地形测量采用了无验潮水下地形测量技术,采用全球卫星定位系统实时动态定位技术配合机动船搭载测深仪采集水底高程点,测深杆配合全站仪按极坐标法测量水底高程点,很好地解决了浅滩多、局部水流急情况下的测量问题,提高了水下地形测量精度及作业效率。

10.6.2 物探(管线探测)创新成果

本次地下管线探测,除了采用常规的物探手段(金属管线探测仪)和现场调查、测绘的方法之外,还进行了一些技术创新,具体如下:

①对于非金属管线,除了联系权属单位确认和调查现场明显管线点之外,还投入

了美国 GSSI 公司生产的 SIR-3000 地质雷达进行探查和验证,极大地提高了非金属管线探测成果数据的准确性。

②对于复杂地段的排水管线,采用管道潜望镜辅助探查,对排水井内部情况进行录像和拍照。当井内水位低于管道内顶,尤其是井室较大的时候,通过管道潜望镜可清晰判断管道的去向、管径及连接关系,极大地弥补了开井调查、L 形量杆量测的不足。

③对于埋设深度较大的电力、通信牵引管,通过设置磁场观测剖面,采用正演曲线拟合实测曲线的方法计算管线的平面位置和埋深。该拟合反演技术充分考虑了磁场值曲线上的多个点,即曲线的整体趋势,其结果无疑要比常规的极大值定位、一个或者几个特征点(50%法、70%法、80%法)定深方法更准确、可靠。

10.6.3 岩土工程勘察创新成果

本项目的岩土工程勘察采用综合勘察手段,有针对性地查明各分项工程地质条件,详细分析、评价场地地质条件对工程的影响,提供各分项工程设计所需的岩土参数、岩土工程分析评价与建议,并对施工期间可能涉及的岩土问题进行预测、给出建议。主要创新成果如下:

①场地基岩为燕山三期花岗岩、碎裂状花岗岩,岩性复杂、风化不均匀,可能揭露球状风化体(俗称"孤石"),地质条件较复杂。此外,场区受广从断裂构造的影响,场区基岩大部受挤压破碎,多呈碎裂状结构,岩石裂隙极发育,强度低,而且极不均匀,性质变化大。因此,本项目采用综合勘察手段进行勘察工作,在勘察阶段精心布置勘察工作量,现场准确进行岩土层划分,提供安全、经济、合理的岩土参数和岩土工程建议,为设计、施工提供翔实的勘察技术成果。

②本场地上部分布卵石层,下部分布强度不均匀的花岗岩和碎裂岩。针对场地不同岩土条件专门研究、制定勘察钻探工艺,选用合适的钻头,采用套管跟进以及泥浆循环等方法,确保钻探质量,保障勘察工作顺利推进,及时提供勘察成果,为今后类似工程的勘察提供经验。

③本次勘察过程中,与建设、设计及施工方的协作良好,派驻的岩土勘察技术人员全程跟踪、解决遇到的岩土工程问题,积极配合基础施工。设计和施工期间,针对工程实际解决了以下问题:验桩时,有效解决判别花岗岩孤石及块石的难题,确定嵌岩桩桩底持力层深度;提出桩基施工的建议方案,开展过程跟踪;施工时,处理裂隙发育地段的漏浆问题。

第11章 工程效益

11.1 经济效益

11.1.1 相关经济指标

从国民经济整体利益的角度出发,计算从化大桥工程建设对国民经济的贡献的具体指标。

本项目的工程建安费用约为 5.82 亿元。间接效益主要考虑:运输成本节约效益、乘客在途时间节约效益、运输工具节约时间效益、减少交通事故效益以及货物在途时间节约效益。

评价参数主要如下:

①社会折现率取 8%。社会折现率是建设项目国民经济评价中衡量经济内部收益率(EIRR)的基准值,也是计算项目经济净现值(ENPV)的折现率,是项目经济可行性和方案比选的主要依据。社会折现率应根据国家的社会经济发展目标、发展战略、发展优先顺序、发展水平、宏观调控意图、社会成员的费用效益时间偏好、社会投资收益水平、资金供求状况、资金机会成本等因素综合测定。

②经济评价年限 = 建设年限 + 使用年限。评价起始年为建设起始年,即 2015 年;评价结束年为 2037 年;评价年限合计 23 年。其中,建设期 3 年,使用期 20 年。

③项目的残值按项目总投资(经济费用)的 5% 计算。

④贸易费用率:6%。

⑤运输费用:0.4 元/(t·km)。

⑥项目的主要投入物和产出物的影子价格均按照《建设项目经济评价方法和参数》(发改投资〔2006〕1325 号)规定的原则进行测算。

⑦时间节约价值由旅客旅行时间节约、货物在途时间节约以及运输工具时间节约组成。其中:

a.旅客旅行时间节约所产生的时间价值以人均国内生产总值计算。从化区 2020

年人均生产总值为52000元,按每年250个工作日、每天工作8h计,则本项目的人均时间价值为26元/h。

b. 货物在途时间节约价值以在途货物的影子价格和资金利息率为基础进行计算。在途货物的影子价格参照公路项目,取5000元/t,资金利息率采用社会折现率(8%)。

c. 运输工具时间节约的效益是使运输工具在路途中减少停留而产生的节约时间的效益。运输工具的维持费用按50元/(车·d)计算;运输工具全年缩短停留时间按0.1h/(车·d)估计,则全年为36.5h/车。

⑧年工程维修以及管理费用(含大修费用)按固定资产投资原值(经济费用)的1.5%计算,并且按每年递增2%计算。

评价指标为:

①经济净现值(ENPV)指按照社会折现率将计算期内各年的经济净效益流量折现到建设初期的现值之和,应按下式计算:

$$\text{ENPV} = \sum_{t=1}^{n} (B-C)_t (1+i_s)^{-t} \tag{11-1}$$

式中: B——经济效益流量;

C——经济费用流量;

$(B-C)_t$——第t期的经济净效益流量;

i_s——社会折现率;

n——项目计算期。

在经济费用效益分析中,如果经济现值等于或大于0,表明项目可以达到符合社会折现率的效率水平,认为该项目从经济资源配置的角度可以被接受。

②经济内部收益率(EIRR)指项目在计算期内经济净效益流量的现值累计等于0时的折现率,应按下式计算:

$$\sum_{t=1}^{n} (B-C)_t (1+\text{EIRR})^{-t} = 0 \tag{11-2}$$

如果经济内部收益率等于或大于社会折现率,表明项目资源配置的经济效率达到了可以被接受的水平。

③经济效益费用比(ERBC)指项目在计算期内效益流量的现值与费用流量的现值之比,应按下式计算:

$$\text{ERBC} = \frac{\sum_{t=1}^{n} B_t (1+i_s)^{-t}}{\sum_{t=1}^{n} C_t (1+i_s)^{-t}} \tag{11-3}$$

式中：B_t——第 t 期的经济效益；

C_t——第 t 期的经济费用。

如果经济效益费用比大于1，表明项目资源配置的经济效率达到了可以被接受的水平。

根据以上调整和计算后的基础数据，编制经济效益费用流量表（表11-1）。

由经济效益费用流量表可以计算出以下指标：

①经济内部收益率（EIRR）= 9.16%，大于社会折现率8%。

②当社会折现率为8%时，项目经济净现值（ENPV）为6457万元，大于0。

从上述两项经济指标来看，本项目的国民经济盈利力能力较强。

11.1.2 间接经济效益

设计团队协作攻克项目重难点，探索运用新技术，为本工程顺利完工提供了条件。本工程依托课题研究，针对大桥的结构构造特点，结合施工经验，着重探索空间钢桁拱和预应力混凝土梁组合桥的设计、建造关键技术，提高和改善拱梁组合桥的结构受力性能，提升桥梁景观性，为同类型桥梁的设计、施工和安全运营提供工程经验与技术支撑，从而产生巨大的间接经济效益。具体为：

①从化大桥桥型设计实现了技术与艺术的完美结合，给市政桥梁美学设计提供了新的思路。

②提出了一种单跨简支空间钢桁拱和预应力混凝土梁组合桥体系，与常规的钢桁拱和钢箱梁组合桥体系相比，能大幅度地节约工程造价，且后期的桥梁养护成本更低。该种结构的成功运用，为类似工程提供了新的思路。

③提出了一种新的适用于多根非平行拱肋在拱脚处集中锚固的解决方案，有效降低拱脚处节点应力水平，使整个拱脚结构受力更均匀，方便拱肋结构制造安装。

④本项目为国内首例跨江大桥与地铁共线建设的工程。科研成果成功应用于从化大桥的设计、施工及运营，对大桥的顺利建成起关键作用。整个工程的顺利实施证明了单跨下承式空间钢桁架拱和预应力混凝土梁组合桥的优越性，既满足安全要求，又满足景观设计和造价经济的要求。桥梁与地铁共线建设的一系列研究和实践措施为以后的城市建设提供了新思路，对类似工程具有良好借鉴和指引作用，具有良好的经济和社会效益。

经济效益费用流量表(单位:万元)

表 11-1

序号	项 目	建 设 期		营 运 期						
		第1年	第2年	第3年	第4年	第5年	第6年	第7年	第8年	第9年
1	效益流量				4897.18	5232.92	5597.86	5994.95	6427.46	6899.01
1.1	运输费用节约效益				1337.72	1391.23	1446.88	1504.75	1564.94	1627.54
1.2	旅客节约时间效益				1921.00	2137.69	2378.82	2647.15	2945.75	3278.03
1.3	缩短货物在途时间效益				64.68	67.26	69.95	72.75	75.66	78.69
1.4	提高交通安全效益									
1.5	减少拥挤的效益				1573.79	1636.74	1702.21	1770.30	1841.11	1914.75
1.6	其他									
2	费用流量	17459.70	23279.60	17459.70	581.99	611.09	641.64	673.73	707.41	742.28
2.1	固定资产投资	17459.70	23279.60	17459.70						
2.2	流动资金									
2.3	日常维护费用				581.99	611.09	641.64	673.73	707.41	742.78
2.4	大修费用									
3	净现金流量	-17459.70	-23279.60	-17459.70	4315.19	4621.83	4956.22	5321.23	5720.05	6156.23
4	累计净现金流量	-17459.70	-40739.30	-58199.00	-53883.81	-49261.98	-44305.76	-38984.53	-33264.48	-27108.25

续上表

序号	项目	第10年	第11年	第12年	第13年	第14年	第15年	第16年	第17年
					营运期				
1	效益流量	7413.62	7975.72	8590.26	9262.72	9514.06	9777.96	10055.05	10346.01
1.1	运输费用节约效益	1692.64	1760.35	1830.76	1903.99	1903.99	1903.99	1903.99	1903.99
1.2	旅客节约时间效益	3647.80	4059.27	4517.15	5026.69	5278.02	5541.93	5819.20	6109.97
1.3	缩短货物在途时间效益	81.84	85.11	88.51	92.05	92.05	92.05	92.05	92.05
1.4	提高交通安全效益								
1.5	减小拥挤的效益	1991.34	2071.00	2153.84	2239.99	2239.99	2239.99	2239.99	2239.99
1.6	其他								
2	费用流量	779.92	818.92	859.86	9050.72	948.00	995.40	1045.17	1097.43
2.1	固定资产投资								
2.2	流动资金								
2.3	日常维护费用	779.92	818.92	859.86	902.86	948.00	995.40	1045.17	1097.43
2.4	大修费用				8147.86				
3	净现金流量	6633.69	7156.801	7730.40	212.00	8566.06	8782.56	9009.88	9248.58
4	累计净现金流量	−20474.56	−13317.76	−5587.36	−5375.35	3190.70	11973.26	20983.15	30231.72

续上表

序号	项目	营运期						合计
		第18年	第19年	第20年	第21年	第22年	第23年	
1	效益流量	10651.50	10972.28	11309.09	11662.74	12034.08	12423.98	177038.46
1.1	运输费用节约效益	1903.99	1903.99	1903.99	1903.99	1903.99	1903.99	35100.69
1.2	旅客节约时间效益	6415.47	6736.24	7073.06	7426.71	7798.05	8187.95	98945.79
1.3	缩短货物在途时间效益	92.05	92.05	92.05	92.05	92.05	92.05	1697.05
1.4	提高交通安全效益							
1.5	减少拥挤的效益	2239.99	2239.99	2239.99	2239.99	2239.99	2239.99	41294.93
1.6	其他							
2	费用流量	1152.30	1209.92	1270.41	1333.93	1400.63	−27628.84	56491.41
2.1	固定资产投资						−29099.50	29099.50
2.2	流动资金							
2.3	日常维护费用	1152.30	1209.92	1270.41	1333.93	1400.63	1470.66	19244.05
2.4	大修费用							8147.86
3	净现金流量	9499.20	9762.36	10038.68	10328.81	10633.45	40052.82	120547.05
4	累计净现金流量	39730.93	49493.29	59531.97	69860.78	80497.23	120547.05	

经济内部收益率 EIRR = 9.16%

经济净现值 ENPV(8%) = 6457 万元

11.2 社会效益

从化大桥不仅是一个具有交通功能的结构物,还是一座体现文化底蕴和时代特征、提升城市生活品质的艺术品。项目的建设效果赢得了广州市政府和市民的一致好评,成为一座集交通、休闲功能于一体的"网红桥"。

本项目产生的社会效益主要包括以下几个方面:

1) 改善交通出行条件

本项目的实施,将新增一条从化城区跨越流溪河的过河出行通道,同时较大程度改善从化中心城区的对外交通出行条件,解决制约城区经济发展的交通瓶颈,增强河东、河西的连接,加快该片区的经济发展,缓解过江交通绕行距离过远、交通量过于集中等问题,促进当地经济社会的发展与和谐社会的建设。

2) 带动沿线城市建设布局及土地开发利用

城市核心区域交通需求很大,道路饱和度较高,土地资源也十分稀缺。本工程的建设在城市交通体系中起到特殊的作用,对城市土地发展有强烈的诱导作用。从化大桥的建设能够增加地区的交通供给,刺激交通需求的增长,从而可能导致地区人口增加,将引导和带动沿线的城市建设布局以及土地开发利用。

3) 提升城市格局及宜居性

本项目建成从化区又一条城市主干路,进一步推动外联内畅的交通网络体系构建,对推动从化城区扩容提质、促进区域协调发展具有重要意义。从化大桥建成后,将成为连接河东片区与城北片区的重要桥梁,有助于缓解街口大桥的交通压力,对两岸及新旧城之间的交通分流及疏导亦将起到巨大作用;还将为广州地铁 14 号线、街北高速公路、大广高速公路提供有效的对外接驳通道。届时,从化城区的内部交通和外联交通可以更好地衔接,广州中心城区到从化将更加方便快捷,旅行舒适度也将得到极大的提升。良好的交通条件,将对从化地区的经济发展起到很强的拉动作用,为经济发展带来新的机遇。

4) 人民生活

本项目的实施将提供一定数量的就业机会,促进当地居民就业。本项目的实施还将促进当地旅游业、建筑业、运输业、商业、餐饮业等行业的发展,从而提高沿线居民收入和生活水平。

5）教育及人才培养

通过本工程的实施，广州市政总院积累了宝贵的工程经验和研究成果。通过对大桥总体设计、主体结构设计及施工技术加以总结，在本单位内部形成设计和施工配合的标准处理模式，为后续类似项目提供技术参照和经验借鉴。项目参与人员的业务水平和设计理念都得到了极大的提升，设计团队已经有多人担任类似项目的项目负责人，或者担任更高的技术管理岗位。

本项目实施过程中，接待多批大专院校的师生、研究机构与设计行业同仁进行现场观摩和调研，提供了良好的交流平台和学习案例。

6）科技方面

本项目在满足景观要求、结构受力合理、节约工程造价的基础上，针对异形拱梁组合体系结构受力复杂、设计施工难度大、与地铁线位重合、基础设计施工难度大，水源保护区同长大跨江桥排水矛盾、山水城市与长大跨江桥梁功能、景观、环境高效融合等问题，开展专项技术研究，突破了多个技术瓶颈，获得了众多创新成果，其中多项达到了国际先进水平。

本项目对科学技术进步的促进作用显著：获得 2 项发明专利授权、1 项实用新型专利授权；总结出一套适用于空间钢桁拱和预应力混凝土梁组合桥设计、建造的关键技术，针对桥隧共线同建特殊条件下的异形拱梁组合桥的结构受力性能及桥梁景观设计提出积极有用的思路和建议，为同类型桥梁的设计、施工和安全运营提供工程经验与技术支撑。

此外，截至 2022 年 4 月，本项目已获得广州市 2020 年度优秀工程勘察设计一等奖、广东省 2021 年度优秀工程勘察设计二等奖、广东省市政行业协会 2021 年度科学技术奖一等奖等奖项。

参考文献

[1] 陈宝春.钢管混凝土拱桥[M].北京:人民交通出版社,2007.

[2] 住房和城乡建设部.钢管混凝土拱桥技术规范:GB 50923—2013[S].北京:中国计划出版社,2013.

[3] 吴冲.现代钢桥[M].北京:人民交通出版社,2006.

[4] 项海帆.高等桥梁结构理论[M].北京:人民交通出版社,2001.

[5] 顾安邦.桥梁工程[M].北京:人民交通出版社,1999.

[6] 邵旭东.桥梁设计百问[M].北京:人民交通出版社股份有限公司,2017.

[7] 王道斌,李华,武兰河.钢管混凝土拱桥施工技术综述[J].国外桥梁,2001(1):71-73.

[8] 刘峰.吊杆拱桥吊杆可更换设计研究[J].公路交通科技(应用技术版),2010(08):221-223.

[9] 宰国军,周志祥,徐中海.混合式拱桥结合段的设计研究[J].公路,2008(06):45-49.

[10] 姚建锋.桥梁造型与景观设计探析[J].江西建材,2015,157(4):150-153.

[11] 张杰,孙建光.桥梁美学设计方法探讨[J].公路交通技术,2014(1):150-153.

[12] 兰燕.桥墩造型及其抗震性能研究[D].西安:长安大学,2005.

全桥大鸟瞰图

东北侧视角图

东侧视角图

西南侧视角图

东侧视角图

西南侧视角图

南侧视角图

拱肋透视图

俯视视角图

春意盎然的月亮拱

虹贯两岸

桥面日景透视图

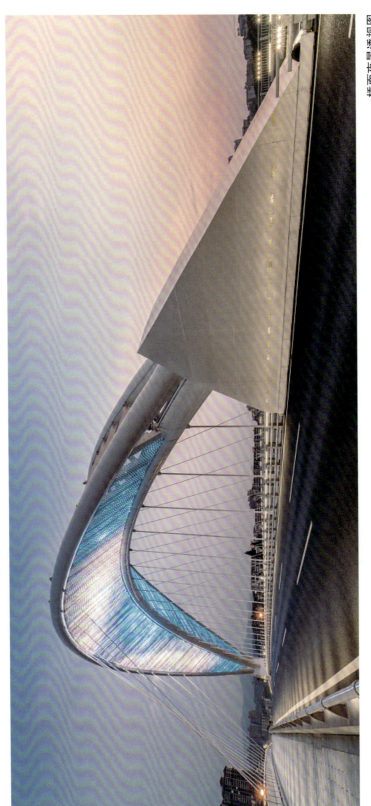

桥面夜景透视图

"流溪映月"实景图

"流溪映月"效果图

桥面夜景透视图

侧视夜景图